Jochen Abr. Frowein
**Der europäische Grundrechtsschutz
und die nationale Gerichtsbarkeit**

Schriftenreihe
der
Juristischen Gesellschaft zu Berlin

Heft 83

W
DE
G

1983
Walter de Gruyter · Berlin · New York

Der europäische Grundrechtsschutz und die nationale Gerichtsbarkeit

Von
Jochen Abr. Frowein

Vortrag
gehalten vor der
Juristischen Gesellschaft zu Berlin
am 16. März 1983

mit Anhang:
Konventionstext
mit kurzen Erläuterungen

W
DE
G

1983
Walter de Gruyter · Berlin · New York

Dr. jur. Jochen Abr. Frowein M. C. L.
Professor an der Universität Heidelberg,
Direktor am Max-Planck-Institut
für ausländisches öffentliches Recht und Völkerrecht,
Mitglied der Europäischen Kommission für Menschenrechte

CIP-Kurztitelaufnahme der Deutschen Bibliothek

Frowein, Jochen Abr.:
Der europäische Grundrechtsschutz und die
nationale Gerichtsbarkeit : Vortrag gehalten
vor d. Jur. Ges. zu Berlin am 16. März 1983 ;
mit Anh.: Konventionstext mit kurzen Erl. /
Jochen Abr. Frowein. – Berlin ; New York :
de Gruyter, 1983.
    (Schriftenreihe der Juristischen Gesellschaft
zu Berlin ; H. 83)
    ISBN 3-11-009957-8
NE: Juristische Gesellschaft (Berlin, West):

Inhaltsverzeichnis

Abkürzungen

EGMR	Europäischer Gerichtshof für Menschenrechte
EKMR	Europäische Kommission für Menschenrechte
Entscheidungs-reihen:	die Entscheidungen des EGMR werden nach Bandzahl und Seite zitiert, nach Series A, Judgments and Decisions, Carl Heymanns Köln etc. Die Entscheidungen und Berichte der EKMR werden nach der von ihr herausgegebenen Sammlung Decisions and Reports zitiert: European Commission of Human Rights, Decisions and Reports, Straßburg. Soweit erschienen wird auch angegeben, ob die Entscheidungen in dem vom Europarat herausgegebenen Yearbook on the European Convention on Human Rights (YB) erschienen ist.
EuGRZ	Europäische Grundrechtezeitschrift
HRLJ	Human Rights Law Journal

Nicht veröffentlichte Entscheidungen und Berichte werden mit Datum und Aktenzeichen angegeben.

1. Einführung

Im Jahr 1982 hat die Europäische Kommission für Menschenrechte die 10 000. Beschwerde registriert. Ebenso wie von den beim Bundesverfassungsgericht eingehenden Verfassungsbeschwerden war die ganz große Mehrheit aus formellen oder aus materiellen Gründen erfolglos[1]. Eine wichtige formelle Voraussetzung für die Zulässigkeit einer europäischen Grundrechtsbeschwerde ist die Erschöpfung des innerstaatlichen Rechtsweges, zu dem für die Bundesrepublik auch die Verfassungsbeschwerde gehört, soweit sie möglich ist, nicht also etwa, wenn es sich um Beschwerden gegen Akte der Staatsgewalt des Landes Berlin handelt[2]. Daß es in erster Linie Aufgabe der nationalen Gerichtsbarkeit sein muß, dem einzelnen zu seinem Recht zu verhelfen, leuchtet unmittelbar ein[3]. Freilich kann das nicht heißen, daß Kommission und Gerichtshof für Menschenrechte sich an die nationalen Urteile zu halten hätten. Ebenso wie dem Europäischen Gerichtshof in Luxemburg für das europäische Gemeinschaftsrecht ist den Straßburger Organen die Aufgabe und die Verpflichtung übertragen worden, die Einhaltung der Europäischen Konvention für Menschenrechte und Grundfreiheiten in Zusammenhang mit Staatenbeschwerden nach Art. 24 und Individualbeschwerden nach Art. 25 zu überprüfen. Staatenbeschwerden sind selten, aber sie kommen

---

[1] Vgl. Stock-Taking on the European Convention on Human Rights, Straßburg 1982, S. 224: bis 1.1.1982 waren 255 Beschwerden für zulässig erklärt worden. Am 1.8.1983 waren es 325. Zur Konvention und ihrer Geschichte vor allem K. J. Partsch, in: Bettermann—Neumann—Nipperdey, Die Grundrechte Bd. I/1, 1966, S. 235 ff.

[2] Es kommt freilich auch in Berlin-Fällen immer wieder vor, daß Verfassungsbeschwerde und Beschwerde nach Art. 25 EMRK eingelegt werden, weil das Bundesverfassungsgericht bekanntlich in bestimmtem Umfang auch auf Berliner Verfassungsbeschwerden das etwa angewendete Bundesrecht prüft. Vgl. Beschwerde Brückmann EuGRZ 1976, S. 424 und EuGRZ 1974, S. 113 ff.

[3] Art. 26 weist darauf hin, daß dieses ein allgemeiner Grundsatz des Völkerrechts ist. Zur Rechtsprechung der Kommission auf dieser Grundlage eingehend W. Peukert, Die Auslegung des Art. 6 EMRK durch die Organe der Europäischen Menschenrechtskonvention, EuGRZ 1980, S. 247. In dem Urteil vom 6. 11. 1980 in der Sache Van Oosterwijck hat der EGMR erstmals in einem Fall, in dem die EKMR die Beschwerde für zulässig erklärt hatte, festgestellt, daß er nicht in der Sache entscheiden könne. EGMR 40 = EuGRZ 1981, S. 277.

vor⁴. Zur Zeit sind Beschwerden der skandinavischen Staaten, der Niederlande und Frankreichs gegen die Türkei anhängig, die die Verletzung einer Vielzahl von Konventionsrechten in der Türkei rügen⁵. Mancher wird sich auch an die Beschwerde der skandinavischen Staaten und der Niederlande gegen Griechenland zur Zeit der Obristenherrschaft und die Beschwerde Irlands gegen Großbritannien in Zusammenhang mit den Unruhen in Nordirland erinnern⁶. Die Beschwerde Irlands hat zu einem Urteil des Gerichtshofs geführt, in dem vor allem Notstandsmaßnahmen eingehend zu würdigen waren⁷.

Die große Mehrheit der Beschwerden freilich sind Individualbeschwerden, europäische Grundrechtsbeschwerden, die heute gegen siebzehn europäische Staaten möglich sind. Die nach Art. 25 notwendige Unterwerfungserklärung, durch die die Zuständigkeit der Kommission begründet wird, haben alle Konventionsstaaten außer der Türkei, Griechenland, Malta und Zypern abgegeben, freilich fast durchweg mit einer Zeitbegrenzung⁸. Bisher sind abgelaufene Erklärungen immer erneuert worden⁹. Von diesen Beschwerden werden heute im Durchschnitt etwa knapp 5 % für zulässig erklärt, weil sie schwerwiegende Probleme der Vereinbarkeit mit der Konvention aufwerfen. Wenn man sich vor Augen hält, daß von den siebzehn Staaten, gegen die eine europäische Grundrechtsbeschwerde möglich ist, nur drei schon seit längerer Zeit echte Verfassungsgerichte kennen, so wird deutlich, daß der hier geschaffene europäische Rechtsbehelf allgemein keineswegs als eine Verdoppelung des schon innerstaatlich

⁴ Folgende Staatenbeschwerden sind bisher für zulässig erklärt worden: Zwei Beschwerden Griechenlands ✗ das Vereinigte Königreich am 2.6.1956 und 12.10.1957, die Zypern betrafen, YB 1958, S.182 ff.; Österreich ✗ Italien am 11.1.1961, Bericht YB 1962, S.54 ff.; 24.1.1968 Dänemark, Norwegen, Schweden, Niederlande ✗ Griechenland, YB 1968, S.688 ff.; 16.7.1970 Dänemark, Schweden und Norwegen ✗ Griechenland, YB 1970, S.108 ff.; 1.10.1972 Irland ✗ Vereinigtes Königreich, YB 1972 S.76 ff. und Urteil des Gerichtshofs Bd.25 vom 18.1.1978; 26.5.1975 Zypern ✗ Türkei, Bericht der Kommission vom 10.7.1976, Sonderveröffentlichung des Europarates; 10.7.1978 Zypern ✗ Türkei, noch anhängig; ebenfalls noch anhängig ist die Beschwerde Dänemarks, Schwedens, Norwegens, der Niederlande und Frankreichs ✗ die Türkei, über deren Zulässigkeit noch nicht entschieden ist.
⁵ Vgl. Pressekommuniqué C (82) 33 vom 2.7.1982.
⁶ Vgl. Anm. 4.
⁷ EGMR 25 (1978) = EuGRZ 1979, S. 149 ff.
⁸ Zusammenstellungen der geltenden Unterwerfungserklärungen finden sich jeweils in European Convention on Human Rights, Collected Texts, hrsg. vom Europarat.
⁹ Es gibt eine Ausnahme insofern, als Großbritannien die Erklärung gemäß Art. 25 seit dem Urteil des EGMR im Fall Tyrer vom 25.4.1978 (Bd. 26), durch das die gerichtliche Prügelstrafe als erniedrigende Bestrafung im Sinne von Art. 3 der Konvention festgestellt wurde, nicht mehr auf die Insel Man ausdehnt.

gewährleisteten Grundrechtsschutzes wirkt. Außer der Bundesrepublik kennen nur Österreich und Italien Verfassungsgerichte, die über eine längere Tradition verfügen. Nur bei uns gibt es die Verfassungsbeschwerde gegen alle Akte der Staatsgewalt[10]. Die spanische und die portugiesische Verfassungsgerichtsbarkeit sind noch zu jung, um ihre Wirkung zu ermessen[11]. Es zeigt sich in den letzten Jahren, daß die Anwaltschaft besonders in den Ländern, die eine innerstaatliche Form des Grundrechtsschutzes gegen den Gesetzgeber nicht kennen, zunehmend grundlegende Fragen vor die Konventionsorgane bringt, ähnlich wie das für unsere Verfassungsgerichtsbarkeit gilt. Das ist vor allem für Großbritannien zu bemerken, aber auch für Belgien und neuerdings zunehmend für Schweden.

Die europäische Grundrechtsbeschwerde wird bei der Kommission eingelegt, die über die Annahme zu entscheiden hat[12]. Dabei ist auch zu prüfen, ob die Beschwerde wegen offensichtlicher Unbegründetheit zurückgewiesen werden muß. Wird die Beschwerde angenommen und kommt es nicht zu einem Vergleich, so erstattet die Kommission einen Bericht über die Verletzung oder Nichtverletzung der Konvention. Danach kann sie das Verfahren vor den Gerichtshof bringen, wenn der betreffende Staat dessen Zuständigkeit anerkannt hat. Alle Staaten, gegen die die Individualbeschwerde möglich ist, haben dies getan. In der großen Mehrheit der Fälle, in denen eine Verletzung festgestellt worden ist oder die sonst grundsätzliche Bedeutung haben, verweist die Kommission heute die Sache an den Gerichtshof, der durch bindendes Urteil entscheidet. Wird der Fall nicht vor den Gerichtshof gebracht, so entscheidet unglücklicherweise das Ministerkomitee des Europarates endgültig. Das bestätigt meist den Bericht der Kommission.

Die Fälle, die vor die Straßburger Organe kommen, sind vielfältig. Gegen die Bundesrepublik Deutschland hat der Gerichtshof bisher viermal die Verletzung der Konvention festgestellt. Zwei Fälle betrafen das offenbar in den deutschsprachigen Ländern und Italien besonders ernste Problem der Länge gerichtlicher Verfahren. Ein Wirtschaftsstrafverfahren dauerte siebzehn Jahre[13], ein verwaltungsgerichtliches Verfahren gegen die

---

[10] Italien kennt keine Verfassungsbeschwerde. In Österreich ist sie gegen Gerichtsurteile nicht zulässig.

[11] Zu den Anfängen der spanischen Verfassungsgerichtsbarkeit vgl. P. Cruz Villalón, Zwei Jahre Verfassungsrechtsprechung in Spanien, ZaöRV 43 (1983), S. 70 ff.

[12] Zum Verfahren C. Krüger, Europäische Kommission für Menschenrechte — Funktion und Arbeitsweise, EuGRZ 1980, S. 238 ff.

[13] Fall Eckle EGMR 51 (1982), S. 33 ff. = HRLJ 3 (1982), S. 303 ff., vgl. auch Bericht der Kommission in EuGRZ 1981, S. 319.

Entziehung der ärztlichen Approbation in erster Instanz allein zehn Jahre[14]. Die dritte Entscheidung des Gerichtshofs gegen die Bundesrepublik erging auf die Beschwerde dreier Ausländer, die im Gegensatz zu der ausdrücklichen Garantie in Art. 6 Abs. 3 e der Konvention ihren Dolmetscher im Strafverfahren nach der Verurteilung hatten bezahlen müssen[15]. Im Verfahren Pakelli haben Kommission und Gerichtshof einstimmig eine Verletzung der Garantie einer effektiven Verteidigung des mittellosen Angeklagten darin gesehen, daß in der mündlichen Revisionshauptverhandlung vor dem Bundesgerichtshof die Beiordnung eines Pflichtverteidigers abgelehnt worden war. Art. 6 Abs. 3 c der Konvention garantiert dem mittellosen Angeklagten einen Pflichtverteidiger, wenn das im Interesse der Rechtspflege notwendig ist. Kommission und Gerichtshof waren der Meinung, daß das bejaht werden muß, wenn eine Revisionshauptverhandlung angesetzt wird, nachdem für die Einlegung der Revision ein Verteidiger beigeordnet war[16].

Zwei weitere deutsche Sachen hat die Kommission vor den Gerichtshof gebracht, in denen grundlegende Fragen der Anwendung der Konvention zu entscheiden sind. Im Fall Öztürk gegen die Bundesrepublik stellte die Kommission mit Mehrheit fest, daß die Garantie für den Dolmetscher in Art. 6 Abs. 3 e auch im Verfahren nach dem Ordnungswidrigkeitsgesetz gilt[17]. Einige Mitglieder haben in diesem Verfahren eine abweichende Meinung abgegeben, da es insoweit dem Staat frei stehe, weniger bedeutende Rechtsverstöße in einem nicht zum Strafverfahren gehörenden Sanktionssystem zu behandeln. Voraussetzung dafür sei freilich, daß die Sanktionen nicht indirekt doch Strafcharakter haben. Das ist aber jedenfalls für die Bußgelder wegen Verstosses gegen Straßenverkehrsrecht richtigerweise nicht der Fall. Besonders interessant ist auch das Verfahren, das zusammen mit einem schweizerischen und einem italienischen vor dem Gerichtshof anhängig ist und in dem es darum geht, ob ein Anspruch auf mündliche Verhandlung vor dem Revisionsgericht besteht. Hier hat die Kommission nach eingehenden Beratungen die wohl zutreffende Lösung mehrheitlich bestätigt, wonach Art. 6 in einem Rechtsmittelverfahren, das auf Überprüfung von Rechtsverstößen beschränkt ist, keine eigene mündliche Verhandlung fordert[18].

[14] Fall König, EGMR 27 (1978) = EuGRZ 1978, S. 406 ff.
[15] Fall Luedicke, Belkacem, Koç, EGMR 29 (1978) = EuGRZ 1979, S. 34 ff.
[16] EuGRZ 1983, S. 344.
[17] Bericht vom 12. 5. 1982. Berichte der Kommission werden öffentlich zugänglich, wenn das Verfahren vor den Gerichtshof gebracht wird (vgl. Art. 52 VerfO des Europäischen Gerichtshofes für Menschenrechte).
[18] Es handelt sich um die Verfahren Axen = EuGRZ 1982, S. 144; Sutter, Pretto = EuGRZ 1982, S. 288. Berichte der Kommission vom 11. 7. 1979 und vom 15. 10. 1981.

Betrachtet man die Spruchpraxis von Kommission und Gerichtshof im übrigen, so wird sogleich deutlich, daß auch grundsätzlichere Fragen der Freiheitsrechte zu erörtern waren. Der Fall Sunday Times gegen Großbritannien betraf die Pressefreiheit und führte zu einer zwar nur knappen Feststellung einer Verletzung wegen des durch einstweilige Verfügung ergangenen Verbots, einen Artikel über die Frage der Fahrlässigkeit bei der Herstellung von Contergan zu veröffentlichen[19]. Gegen Belgien wurde in mehreren Verfahren eine Verletzung der Konvention im Rahmen des Strafverfahrens festgestellt. So hatte etwa ein Staatsanwalt später als Vorsitzender eines Schwurgerichts amtiert in einer Sache, in der er jedenfalls als Vorgesetzter verantwortlich gewesen war und Unterschriften geleistet hatte[20]. Ebenfalls in einem belgischen Fall entschied der Gerichtshof, daß die Notwendigkeit der Anerkennung des eigenen Kindes durch eine uneheliche Mutter ein Verstoß gegen das Recht auf Respekt vor der Familie darstellte[21]. Fehlender gerichtlicher Rechtsschutz führte zu Verurteilungen von Großbritannien, Belgien und Schweden[22]. Von sehr grundsätzlicher Bedeutung waren auch das Urteil in einem englischen Fall, das die Kündigung von Arbeitnehmern nach zum Teil achtzehnjähriger Beschäftigung nur wegen der Weigerung, einer Gewerkschaft beizutreten, als Verletzung der Konvention bezeichnete[23], sowie die Entscheidung gegen Italien, die den Zwangsaufenthalt auf dem kleinen Zipfel der Insel Asinara auf einem Gebiet von 800 m × 2 km als Freiheitsentziehung feststellte[24]. Eine Verletzung der Eigentumsgarantie in der Konvention hat der Gerichtshof kürzlich erstmals in einem schwedischen Fall bejaht[25].

Es läßt sich sagen, daß der Grundrechtsschutz im Rahmen der Europäischen Menschenrechtskonvention in den letzten Jahren begonnen hat, den Charakter einer funktionierenden europäischen Verfassungsrechtsprechung anzunehmen, die gemeinsame Standards für die Mitgliedstaa-

---

[19] EGMR 30 (1979) = EuGRZ 1980, S. 209 ff.
[20] EGMR 53 (1982) — Piersack. Die beiden anderen Fälle sind EGMR 35 (1980) — De Weer = EuGRZ 1980, S. 667 ff. und De Cubber = EuGRZ 1982, S. 487 ff.
[21] EGMR 31 (1979) — Marckx = EuGRZ 1979, S. 455 ff.
[22] EGMR 46 (1982) — X v. UK (1981) = HRLJ 3 (1982), S. 380 ff. = EuGRZ 1982, S. 101 ff.; EGMR 50 (1982) — Van Droogenbroeck (1982) = HRLJ 3 (1982), S. 236 ff.; EGMR 52 (1982) — Sporrong und Lönnroth = HRLJ 3 (1982), S. 268 ff.
[23] EGMR 44 (1981) — Young, James and Webster = EuGRZ 1981, S. 559 ff.
[24] EGMR 39 (1980) — Guzzardi (1980) = HRLJ 1 (1980), S. 257 ff.
[25] EGMR 52 (1982) — Sporrong und Lönnroth vgl. Anm. 22.

ten herausbildet[26]. Die Fälle, in denen Gesetze auf Grund dieser Rechtsprechung geändert werden, mehren sich, zum Teil sogar von Staaten, die nicht selbst von den konkreten Verfahren betroffen waren. So hat etwa Dänemark auf der Grundlage des closed-shop-Urteiles gegen Großbritannien sein Arbeitsrecht geändert und die Möglichkeit einer Kündigung bei nachträglich eingeführten closed shops ausgeschlossen[27].

2. Die Überprüfung nationaler Urteile

Nach diesem einführenden Überblick soll auf einige der typischen Fragen eingegangen werden, die sich bei der Überprüfung nationaler Gerichtsurteile oder, wo es keinen Rechtsweg gibt, auch nationaler Verwaltungsakte stellen können. Dabei kann es nicht verwundern, daß die Probleme teilweise denen entsprechen, die aus der Verwaltungs- und Verfassungsgerichtsbarkeit und ihrem Verhältnis zur Verwaltung oder zur übrigen Gerichtsbarkeit bekannt sind.

Die Grundrechte der Konvention enthalten fast durchweg Gesetzesvorbehalte, die Einschränkungen ermöglichen. Erste Voraussetzung für eine Einschränkung, etwa der persönlichen Freiheit, der Meinungs- oder Versammlungsfreiheit, ist nach der Formulierung der Artikel 5, 10 und 11, daß die Maßnahme „rechtmäßig" oder „vom Gesetz vorgesehen" sein muß. Was heißt das? Es muß ein Gesetz die Grundlage für die in den Schutzbereich eines Grundrechtes eindringende Maßnahme bieten, was für denjenigen, der die Entwicklung des Vorbehaltes des Gesetzes kennt, als eine Selbstverständlichkeit erscheint[28]. Aber auch hier stellen sich Probleme. Gewiß hat das altehrwürdige Common Law in England und Irland die Qualität von Recht in diesem Sinn[29]. Aber wie ist es, wenn das Common Law ganz unklar ist? Gerichtshof und Kommission haben auf die Notwendigkeit einer gewissen Vorhersehbarkeit der Grundrechtsein-

---

[26] Vgl. dazu schon J. A. Frowein, Die Europäische Menschenrechtskonvention in der neueren Praxis der Europäischen Kommission und des Europäischen Gerichtshofs für Menschenrechte, EuGRZ 1980, S. 231, 237.

[27] Nach Presseberichten.

[28] Wie wenig hier ein gemeineuropäischer Standard besteht, hat der Fall Malone gezeigt, der zur Zeit vor dem Gerichtshof anhängig ist. Er betrifft die Vereinbarkeit von Telefonabhörmaßnahmen mit Art. 8 der Konvention in Großbritannien, wo eine eindeutige gesetzliche Grundlage für derartige Maßnahmen fehlt. In dem englischen Gerichtsverfahren hatte der Richter zugunsten des Staates den Satz benutzt, daß erlaubt sei, was das Gesetz nicht verboten habe! (Malone v. Commissioner of Police of the Metropolis (no. 2), [1979] 2 AllE.R. 620; Bericht der Kommission vom 17. 12. 1982.

[29] EGMR 30 (1979), S. 30 — Sunday Times.

griffe hingewiesen[30]. Die Grenzen sind nicht leicht abzustecken. Auch im gesetzten Recht kennen wir ja laufend das Problem schwer vorhersehbarer Klarstellungen durch die Gerichte. Die Kommission mußte sich kürzlich mit der Entwicklung des Konzepts der „blasphemous libel" (Blasphemie) in einem konkreten Fall auseinandersetzen. Hier ging es um die Fortentwicklung des Strafrechts im Rahmen des Common Law[31]. Der Gerichtshof hat im Sunday Times-Fall trotz gewisser Bedenken die Vorhersehbarkeit bejaht[32]. Bestandteil der Forderung einer gesetzlichen Grundlage für die Grundrechtsbeschränkung ist auch, daß das Verfahren der Einschränkung im konkreten Fall in einem rechtsstaatlichen Sinn geregelt ist. Auch hinsichtlich des Verfahrens darf es keine Blankettermächtigungen geben[33].

Wie weit kann es Aufgabe der Konventionsorgane sein, die Richtigkeit der Anwendung nationalen Rechts zu überprüfen? In diesem Zusammenhang bestehen Unklarheiten, die den an der Entwicklung der Verfassungsgerichtsbarkeit Geschulten überraschen mögen. Aus der geläufigen Unterscheidung zwischen dem Verhältnis einfachen Rechts und speziellen Verfassungsrechts haben wir keine Schwierigkeiten zu erkennen, daß die Konventionsorgane nie die Richtigkeit der Rechtsauslegung nach nationalem Recht überprüfen können, sondern allein festzustellen haben, ob die von den nationalen Organen in Anspruch genommene Rechtsgrundlage

---

[30] A. a. O., S. 31, Par. 49: "In the Court's opinion, the following are two of the requirements that flow from the expression 'prescribed by law'. Firstly, the law must be adequately accessible: the citizen must be able to have an indication that is adequate in the circumstances of the legal rules applicable to a given case. Secondly, a norm cannot be regarded as a 'law' unless it is formulated with sufficient precision to enable the citizen to regulate his conduct: he must be able — if need be with appropriate advice — to foresee, to a degree that is reasonable in the circumstances, the consequences which a given action may entail. Those consequences need not be foreseeable with absolute certainty: experience shows this to be unattainable. Again, whilst certainty is highly desirable, it may bring in its train excessive rigidity and the law must be able to keep pace with changing circumstances. Accordingly, many laws are inevitably couched in terms which, to a greater or lesser extent, are vague and whose interpretation and application are questions of practice."

[31] Gay News 8710/79.

[32] A. a. O. (Anm. 29), S. 31—33.

[33] Die Kommission hat das erstmalig in ihrem Bericht in der Sache Klass zur deutschen Abhörregelung in G 10 zu der Bedeutung von Art. 8 Abs. 2 der Konvention betont. Es heißt dort: "Interferences must be in accordance with the law as Article 8 par. 2 expressly states. That must be taken to mean that the law sets up the conditions and procedures for an interference." Bericht vom 9. 3. 1977, EGMR Serie B Vol. 26, 1982, S. 11, 37. Jetzt auch EGMR 61 (1983), Case of Silver and others, Par. 89: "A law which confers a discretion must indicate the scope of that discretion."

etwa willkürlich als bloßer Vorwand erscheint. Aber diese Sicht ist bisher keineswegs herrschend[34]. Ein Urteil des Gerichtshofs kann sogar so verstanden werden, daß der Gerichtshof sich eine Kontrollkompetenz hinsichtlich der Rechtmäßigkeit von Eingriffsakten nach nationalem Recht zumißt, wo die Konvention auf die Rechtmäßigkeit nach nationalem Recht verweist[35]. Das erscheint geradezu unverständlich, da der Gerichtshof für die Auseinandersetzung mit nationalem Recht keine ausreichende Fachkompetenz besitzt.

Die hier vertretene Auffassung der Überprüfung dahin, ob überhaupt eine Rechtsgrundlage da ist und ob sie nicht offenbar willkürlich angewendet und ausgedehnt worden ist, hat die Kommission schon sehr früh vertreten[36]. Sie führt keineswegs zu einer Aushöhlung der Garantie, sondern dazu, daß diese ihre eigentliche Wirkung erzeugen kann. Sinn des Straßburger Verfahrens kann es ja nicht sein, eine Superrevisionsinstanz einzuführen, wohl aber zu gewährleisten, daß der Gesetzgeber die Grundlage für einen Eingriff in die Grundrechte möglichst deutlich umschreibt.

Noch nicht geklärt ist, ob mit dem in den Einschränkungsklauseln enthaltenen Gesetzesvorbehalt außer für den traditionellen Bereich des Common Law auch ein Parlamentsvorbehalt zu finden ist, so daß Rechts-

---

[34] Vgl. in diesem Sinn Frowein, EuGRZ 1980, S. 236 und das Sondervotum von Frowein im Fall Piersack, Bericht vom 13. 5. 1981, S. 17: «Ce que la Cour désigne par ‹renvoi› n'est pas, à mon avis, un véritable renvoi. Lorsque la Convention pose la condition qu'une ingérence doit être conforme à la loi nationale, elle veut garantir deux choses: 1) d'abord il doit exister une loi sur laquelle se fonde l'ingérence, caractéristique principale de l'Etat de Droit (cf. arrêt Sunday Times, §46 et suivants); 2) en outre, la loi doit être appliquée sans arbitraire, c'est-à-dire d'une manière égale pour tous, sans quoi elle ne servirait que de prétexte. Lorsque ces deux conditions sont remplies, le contrôle des organes de la Convention se termine en ce qui concerne la référence à la légalité nationale. L'interprétation de la loi nationale, le développement de la jurisprudence et même les modifications que celle-ci peut subir sont en dehors du pouvoir de surveillance de la Commission et de la Cour.»

[35] EGMR 33 (1980), S. 19 ff. — Winterwerp — = EuGRZ 1979, S. 655. Sehr unklar jetzt EGMR 53 (1982), S. 16 — Piersack —: "In order to resolve this issue, it would have to be determined whether the phrase 'established by law' covers not only the legal basis for the very existence of the 'tribunal' — as to which there can be no dispute on this occasion (Article 98 of the Belgian Constitution) — but also the composition of the bench in each case; if so, whether the European Court can review the manner in which national courts — such as the Belgian Court of Cassation in its judgment of 21 February 1979 (see paragraph 17 above) — interpret and apply on this point their domestic law; and, finally, whether that law should not itself be in conformity with the Convention and notably the requirement of impartiality that appears in Article 6 §1."

[36] Vgl. etwa Yearbook 9 (1966), S. 474.

verordnungen der Exekutive einer klaren Ermächtigung bedürfen. Das liegt nahe, wenn man den Verweis auf die demokratische Struktur der europäischen Staaten in der Präambel ernst nimmt[37]. Die Kommission hat den Hinweis auf die im Schweizerischen Verfassungsrecht angewendete sogenannte ungeschriebene polizeiliche Generalklausel für die Beschränkung der Versammlungsfreiheit offenbar als nicht zweifelsfrei angesehen, denn sie hat es vorgezogen, die daneben verwendbare Bestimmung des geschriebenen Verfassungsrechts des Kantons Bern als Rechtsgrundlage für das Konventionsrecht herauszustellen[38].

Die nächste Frage, die bei der Einschränkung von Konventionsrechten auf der Grundlage der in der Konvention enthaltenen Gesetzesvorbehalte auftaucht, ist die, ob eine Maßnahme für den Schutz eines bestimmten dort genannten Rechtsgutes „in einer demokratischen Gesellschaft notwendig ist", wie die in den Absätzen 2 der Artikel 8—11 für die Begrenzung der Freiheiten wiederkehrende Formel lautet. Meist macht es keine Schwierigkeiten, das Schutzgut zu präzisieren und die Maßnahme hier zu subsumieren, da insofern der in den Garantien enthaltene Katalog weit gespannt ist. Die Rechte anderer wie die öffentliche Ordnung werden überall ausdrücklich aufgeführt[39]. Viel problematischer ist die Formel „in einer demokratischen Gesellschaft notwendig". Hier sind die Konventionsorgane offenbar zu einer Nachprüfung aufgerufen. Sonst hätte ihre Tätigkeit keinen Sinn. Aber wie weit soll diese Nachprüfung gehen? Unzweifelhaft erscheint, daß die Notwendigkeit nicht in allen 21 Mitgliedstaaten der Konvention gleich bestimmt werden muß. Das folgt

---

[37] In der Präambel lautet ein Absatz: „Unter erneuter Bekräftigung ihres tiefen Glaubens an diese Grundfreiheiten, welche die Grundlage der Gerechtigkeit und des Friedens in der Welt bilden, und deren Aufrechterhaltung wesentlich auf einem wahrhaft demokratischen politischen Regime einerseits und auf einer gemeinsamen Auffassung und Achtung der Menschenrechte andererseits beruht, von denen sie sich herleiten."
[38] Rassemblement Jurassien und Unité jurassienne gegen Schweiz, DR 17, S. 93, 105 = EuGRZ 1980, S. 36.
[39] Vgl. etwa das Urteil des EGMR 61 (1983) — Case of Silver and others — zur Beschränkung und Überprüfung der Korrespondenz von Strafgefangenen. Es heißt dort in Par. 96: "The applicants did not allege that the restrictions at issue in the present case were designed or applied for a purpose other than those listed in paragraph 2 of Article 8. The Government pleaded before the Commission that the aim pursued was 'the prevention of disorder', 'the prevention of crime', 'the protection of morals' and/or 'the protection of the rights and freedoms of others', and the Commission considered whether each interference was 'necessary' for one or more of those purposes. This matter was not discussed or questioned before the Court. It sees no reason to doubt that each interference had an aim that was legitimate under Article 8." In der Praxis hat die Überprüfung der Einschränkung an dem Katalog der Schutzgüter bisher nie zu Schwierigkeiten geführt.

16

schon daraus, daß Begriffe wie „Moral", „Staatssicherheit", „öffentliche Ordnung" auf ein Substrat verweisen, das je nach soziologischen Unterschieden, spezifischen außenpolitischen Gefährdungen ganz unterschiedlich ist[40]. Aber selbst bei absolut gleichen Voraussetzungen muß der Verweis auf die „demokratische Gesellschaft" auch als Legitimation des demokratischen Gesetzgebers zur Beurteilung der Notwendigkeit innerhalb eines gewissen Rahmens gesehen werden. Kommission und Gerichtshof sprechen von einer „margin of appreciation", einem Einschätzungs- oder Beurteilungsspielraum der nationalen Organe. Die Begriffe werfen ähnliche Probleme auf wie die entsprechenden im deutschen Verwaltungsrecht[41].

Die Problematik der Überprüfung, die sich hier stellt, ist vor allem in den Entscheidungen Handyside, Sunday Times und Dudgeon deutlich geworden. Handyside betraf die Einziehung nach Auffassung britischer Gerichte pornographischer Publikationen (Kleines Rotes Schulbuch)[42], im Fall Sunday Times war über das durch einstweilige Verfügung ausgesprochene Verbot der Veröffentlichung eines Artikels über ein anhängiges Gerichtsverfahren zu entscheiden[43], und in der Sache Dudgeon war die Gesetzgebung über Homosexualität in Nordirland zu überprüfen[44].

Der Gerichtshof betonte in dem Urteil Handyside am 7.12.1976 die Subsidiarität der internationalen Kontrolle und kam nach einer Würdigung der für die Einziehung geltend gemachten Gründe zu dem Ergebnis, daß die englischen Gerichte berechtigterweise denken konnten („were entitled to think"), daß das Buch schädliche Wirkungen für die Moral von Kindern und Heranwachsenden habe[45].

---

[40] Vgl. etwa EGMR 45 (1981), S. 22 — Dudgeon = HRLJ 2 (81), S. 362 ff., 379 —: "The fact that similar measures are not considered necessary in other parts of the United Kingdom or in other member States of the Council of Europe does not mean that they cannot be necessary in Northern Ireland... Where there are disparate cultural communities residing within the same State, it may well be that different requirements, both moral and social, will face the governing authorities." Der Fall betraf die Regelung der einfachen Homosexualität in Nord-Irland.

[41] Dazu etwa K. Hailbronner, Die Einschränkung von Grundrechten in einer demokratischen Gesellschaft. Zu den Schrankenvorbehalten der Europäischen Menschenrechtskonvention in: Völkerrecht als Rechtsordnung — Internationale Gerichtsbarkeit — Menschenrechte, Festschrift für H. Mosler, 1983, S. 359, 362 ff., 381 ff. Vgl. auch in demselben Band W. J. Ganshof van der Meersch, Réflexions sur les restrictions à l'exercice des droits de l'homme dans la jurisprudence de la Cour européenne de Strasbourg, S. 263 ff.

[42] EGMR 24 (1976) — Handyside — = EuGRZ 1977, S. 38.

[43] EGMR 30 (1979) — Sunday Times — = EuGRZ 1980, S. 209.

[44] EGMR 45 (1981) — Dudgeon — = HRLJ 2 (1981), S. 362 ff.

[45] EGMR 24, S. 22, 23, 24; s. o. Fn. 42.

Im Urteil Sunday Times wird wiederum der Beurteilungsspielraum der nationalen Organe betont, aber ausdrücklich dargelegt, die Kontrolle des Gerichtshofes sei nicht darauf beschränkt, ob der Staat seine Zuständigkeit „vernünftig, sorgfältig und gutgläubig" ausgeübt habe[46]. Demgegenüber betont die sehr beachtliche Minderheit von neun Richtern in diesem Verfahren, daß es Aufgabe der europäischen Organe sei, zu überwachen, ob die nationalen Behörden gutgläubig, sorgfältig und vernünftig gehandelt hätten[47]. Die Minderheit übernimmt die Formulierung aus Handyside, wonach es darauf ankomme, ob die nationalen Organe berechtigterweise annehmen konnten („were entitled to think"), daß etwas notwendig sei[48]. Mit einer Stimme Mehrheit kamen die zehn Richter im Fall Sunday Times zu dem Ergebnis, daß die margin of appreciation überschritten sei.

In der Entscheidung Dudgeon vom 22.10.1981 wird der Regierung ausdrücklich Sorgfalt und Gutgläubigkeit bei der Aufrechterhaltung der Strafbarkeit der einfachen Homosexualität zwischen erwachsenen Männern in Nordirland bescheinigt. Der Gerichtshof müsse aber die letzte Entscheidung über die Notwendigkeit selbst treffen und vor allem die Verhältnismäßigkeit der Maßnahmen überprüfen[49]. Die Verhältnismäßigkeit war im Sunday Times-Urteil eher beiläufig erwähnt worden[50], von der Minderheit aber ausdrücklich als Prüfungsmaßstab herausgestellt worden[51].

Es ist gewiß unglücklich, wenn in derartigen Fragen Entscheidungen mit einer Mehrheit von zehn zu neun Stimmen fallen. Obwohl das Urteil dieselbe Bindungswirkung wie jedes andere entfaltet, entsteht leicht der Eindruck einer gewissen Zufälligkeit des Ergebnisses. Freilich wird man nicht verhindern können, daß bei derartigen Fragen ein Maß an Unbestimmtheit bleibt. Eine stärkere methodische Ausdifferenzierung bei der Anwendung des Verhältnismäßigkeitsgrundsatzes könnte wohl am besten zu befriedigenden Ergebnissen führen. Das Urteil im Fall Dudgeon könnte ein Schritt in diese Richtung sein, da der Gerichtshof hier ausdrücklich hervorhebt, daß die Strafbestimmungen in Nordirland nicht durchgesetzt würden und die Wirkungen des Gesetzes genau im Rahmen der Verhältnismäßigkeit analysiert[52].

Bei der Überprüfung der „Notwendigkeit in einer demokratischen Gesellschaft" wird eine schwierige Gratwanderung von den Konventions-

[46] EGMR 30, S.36; s.o. Fn.43.
[47] A.a.O., S.50f.
[48] A.a.O., S.51.
[49] EGMR 45 (1981), S.24; s.o. Fn.44.
[50] EGMR 30 (1979), S.42; s.o. Fn.43.
[51] A.a.O., S.50f.
[52] A.a.O., S.24.

organen verlangt, die die Wirkungslosigkeit der Konventionsgarantien einerseits und die systemwidrige und notwendig in die Vertrauenskrise führende Beurteilung nach der jeweiligen Meinung der Kommissionsmitglieder oder Richter andererseits zu vermeiden hat. Zum Teil wird an der Figur des Beurteilungsspielraums überhaupt Kritik geübt. Man meint, die Überprüfung der staatlichen Maßnahmen anhand der Konvention könne gut ohne diese Figur auskommen[53]. Demgegenüber erscheint mir die Formel notwendig, um die Subsidiarität der Kontrolle durch die Konventionsorgane mit der Einschätzungsprärogative des demokratischen Gesetzgebers zu verbinden. Bei der in diesem Verfahren notwendigen Abwägung ist immer die besondere Bedeutung des Freiheitsrechts zu berücksichtigen. Auch insofern kann man eine Entwicklung feststellen, die Parallelen zur Rechtsprechung des Bundesverfassungsgerichts bei der Überprüfung von Gerichtsurteilen aufweist[54].

3. Allgemeine Interpretationsfragen

Wie alle Grundrechtskataloge ist auch die Konvention reich an relativ weiten, in ihrer Richtung zwar deutlichen, aber doch erst im Einzelfall zu konkretisierenden Begriffen. Das gilt natürlich für Formulierungen wie „unmenschlich" oder „erniedrigend", es gilt bei genauem Hinsehen aber sogar für einen Begriff wie „Freiheit". In dem erwähnten Fall Guzzardi, in dem zu prüfen war, ob die Verbannung auf einen 800 m × 2 km großen Teil einer Insel, der im übrigen von einer Strafanstalt begrenzt wurde, mit der Konvention vereinbar war, trug die italienische Regierung vor, es liege keine Freiheitsentziehung vor. Nach italienischem Recht sei dies eine zulässige Aufenthaltsbeschränkung[55]. An diesem Beispiel erkennt man, daß die Auslegung der Konvention sich nicht an der Qualifizierung nach nationalem Recht orientieren kann, wenn ihr Schutz nicht illusorisch bleiben soll. Das gilt generell für die Begriffe, die den Schutzbereich der Konventionsrechte umschreiben. Sie müssen „autonom", aber nicht ohne Beziehung zu den nationalen Rechtsordnungen und deren wertendem Vergleich verstanden werden. Wann eine strafrechtliche „Anklage" gegeben ist, die nach Art. 6 bestimmte Garantien auslöst, kann nicht von dem Begriff der Anklage nach nationalem Recht abhängen[56].

---

[53] Vgl. C.-A. Nørgaard, in: Europäischer Menschenrechtsschutz, Schranken und Wirkungen, hrsg. von I. Maier, 1982, S. 193 f.
[54] Seit BVerfGE 7, S. 198 — Lüth —.
[55] EGMR 39 (1980), S. 32 f., — Guzzardi —.
[56] Der Gerichtshof hat als Anklage die offizielle Benachrichtigung der Beschuldigung an den Verdächtigen bezeichnet. EGMR 51 (1982), S. 33 — Eckle —.

Selbst eine so technisch erscheinende Garantie wie die dem Habeas-Corpus-Verfahren des englischen Rechts nachgebildete Vorschrift des Art. 5 Abs. 4, wonach jeder Inhaftierte das Recht hat, eine Überprüfung der Rechtmäßigkeit seiner Freiheitsentziehung zu beantragen, zeigt ihre Problematik bei näherer Betrachtung. Wie weit muß die Rechtmäßigkeitsüberprüfung gehen? Genügt es, daß sie formal nur das Vorliegen irgendeines Haftbefehls feststellt, ohne daß die Tatsachen, die ihm zugrundeliegen, in die Prüfung einbezogen werden? Das englische Verfahren des „writ of habeas corpus" ist heute zum Teil ein ganz formales Verfahren. Eine Garantie, die es dem Staat ermöglichte, seine Gerichte auf die reine Überprüfung der Formalien zu beschränken, könnte sicher die Gewährleistung des Freiheitsschutzes nicht erbringen. Der Gerichtshof hat die Rechtmäßigkeit der Freiheitsentziehung i. S. der Konvention auch als Abwesenheit jeder Willkür umschrieben. So überrascht es nicht, daß der Gerichtshof in dem grundlegenden Urteil X v. United Kingdom die begrenzte Rechtmäßigkeitsüberprüfung, die bei der zwangsweisen Unterbringung in einer Heilanstalt nach englischem Recht bisher gegeben war, als Verletzung von Art. 5 Abs. 4 festgestellt hat[57]. In diesem Verfahren konnten weder Diagnose noch Einlieferungsgründe überprüft werden. Eine Gesetzesänderung hat inzwischen Abhilfe geschaffen.

Vielleicht am dramatischsten wird die Auseinandersetzung um die Auslegung der Konvention, wo sie die für Grundrechtskataloge so typischen offenen Begriffe „unmenschlich" und „erniedrigend" in Art. 3 enthält. Kommission und Gerichtshof haben die Verhängung von Prügelstrafe durch Gerichte und ihre Ausführung durch Polizeibeamte in einem genau geregelten Verfahren als „erniedrigende" Bestrafung bezeichnet[58].

---

[57] EGMR 46 (1981), S. 25 — X. v. United Kingdom —: „Nach Auffassung des Gerichtshofs ist die gerichtliche Überprüfung von der begrenzten Art, wie sie im habeas corpus-Verfahren für den vorliegenden Fall existiert, nicht ausreichend für eine andauernde Unterbringung, wie sie X. auferlegt wurde. Die Regierung hebt zwar richtig hervor, daß Art. 5 Abs. 4 kein Recht auf richterliche Überprüfung von solcher Intensität einschließt, daß das Gericht sein eigenes Ermessen für alle Aspekte des Falles an die Stelle der zuständigen Verwaltungsbehörde setzen könne. Die Überprüfung muß auf der anderen Seite weit genug sein, um solche Bedingungen einzuschließen, die, auf der Grundlage der Konvention, wesentlich für die „rechtmäßige" Unterbringung einer Person auf der Grundlage einer Geisteskrankheit sind, insbesondere da die Gründe, die ursprünglich als Rechtfertigung dienen konnten, später weggefallen sein können (...). Das bedeutet, daß im vorliegenden Fall Art. 5 Abs. 4 ein angemessenes Verfahren forderte, in dem das Gericht überprüfen konnte, ob die geistige Störung des Patienten noch anhielt und ob der Innenminister berechtigterweise annehmen konnte, daß eine Fortsetzung der zwangsweisen Unterbringung im Interesse der öffentlichen Sicherheit notwendig war (...)."
[58] EGMR 26 (1978) — Tyrer — = EuGRZ 1979, S. 153 ff.

Sie haben dabei gerade auch die Entwicklung des Strafrechtssystems der Mitgliedstaaten seit 1950 mit berücksichtigt[59]. Der damalige englische Richter, Sir Gerard Fitzmaurice, ein weltbekannter Völkerrechtler, hat die Entscheidung scharf kritisiert. Auf dem Hintergrund, daß die Prügelstrafe als gerichtlich verhängte Strafe in England und Irland noch nach dem 2. Weltkrieg existierte, ist er der Meinung, daß die Konvention hier unzulässig als Grundlage für eine Strafreform benutzt werde[60]. Das methodische Problem, das sich hier stellt, ist aus dem innerstaatlichen Recht bei der Auslegung von offenen Begriffen wie „gute Sitten", „öffentliche Ordnung" u. ä. bekannt[61]. Begriffe wie „erniedrigend" oder „unmenschlich" können nicht historisch versteinert werden, selbst wenn es leicht wäre festzustellen, was man 1950 genau darunter verstanden hat. Andererseits ist es sicher richtig, daß die Existenz von Institutionen und Rechtsnormen bei Schaffung der Konvention nicht ohne Bedeutung sein kann. Man kann nicht einfach, wie es der Gerichtshof etwas unglücklich angedeutet hat, die Qualität der Konvention als „living instrument" über alles setzen[62]. Aber wo bestimmte Praktiken schon 1950 überwiegend als „erniedrigend" angesehen wurden und das von der ganz deutlichen Entwicklung in den Mitgliedstaaten bestätigt worden ist, sollte es nicht zweifelhaft sein, daß die Konventionsorgane den so bestätigten Konsens darüber, was „erniedrigend" ist, feststellen können. Ebenso ist ja jeder nationale Richter gewohnt, den Verweis auf die guten Sitten als offenen Verweis zu verstehen. Gerade hier müssen sich Kommission und Gerichtshof freilich besonders behutsam und genau des Konsenses der europäischen Rechtsgemeinschaft vergewissern, wenn sie nicht dem Vorwurfe einer ihnen nicht übertragenen allgemeinen rechtspolitischen Würdigung ausgesetzt werden wollen[63].

4. Die Anforderungen der Konvention an den nationalen Rechtsschutz

Die speziellste Frage, die im Rahmen des Themas behandelt werden sollte, ist die nach den Anforderungen, die die Konvention an den nationalen Rechtsschutz stellt. Es wurde bereits an Hand von einzelnen Beispielen dargelegt, daß in der Konvention eine Reihe von Bestimmun-

---

[59] A. a. O., S. 15. f.
[60] A. a. O., S. 32.
[61] Vgl. auch Frowein, EuGRZ 1980, S. 234 f.
[62] EGMR 26 (1978), S. 15 — Tyrer — = EuGRZ 1979, S. 153 ff.
[63] Vgl. H. Mosler, Schlußbericht über das Kolloquium, in: Europäischer Menschenrechtsschutz, Schranken und Wirkungen, hrsg. von I. Maier, 1982, S. 355, 361.

gen dem Gerichtsschutz gewidmet sind. Von besonderer Bedeutung im Zusammenhang mit dem Freiheitsschutz ist Art. 5 Abs. 4, der die gerichtliche Kontrolle der Freiheitsentziehung vorschreibt. Die Rechtsprechung der Konventionsorgane hat, wie bereits erwähnt wurde, geklärt, daß diese Kontrolle nicht bloß formalen Charakter haben darf[64]. Für die Verhaftung enthält noch eine andere Bestimmung eine leider nur unvollkommene Richtergarantie. Art. 5 Abs. 3 legt fest, daß jeder, der wegen einer Straftat festgenommen worden ist, unverzüglich einem Richter oder einem anderen gesetzlich zur Ausübung richterlicher Funktionen ermächtigten Beamten vorgeführt werden muß[65]. Diese Garantie geht also weniger weit als die in Art. 104 Abs. 2 GG. In dem Fall Schiesser hatten Kommission und Gerichtshof zu entscheiden, ob der Bezirksanwalt nach Züricher Strafprozeßrecht eine dem Art. 5 Abs. 3 genügende Institution ist[66]. Beide haben betont, daß zwar, wie der Wortlaut zeigt, nicht nur der Richter die Voraussetzungen dieser Garantie erfüllt. Sie haben aber auch dargelegt, daß der dort zugelassene Beamte bestimmte verfahrensrechtliche und materiellrechtliche Anforderungen erfüllen muß, damit ein Verfahren dieser Garantie entspricht. Vor allem kann es nicht genügen, daß Polizei- oder weisungsgebundene Strafverfolgungsorgane die Vernehmung durchführen. Da der Züricher Bezirksanwalt in seiner Haftentscheidung völlig unabhängig ist und den Betroffenen persönlich anhören muß, haben Kommission und Gerichtshof eine Verletzung in diesem Fall abgelehnt[67]. Inzwischen ist eine Beschwerde gegen Schweden für zulässig erklärt worden, in der es ebenfalls um Art. 5 Abs. 3 geht[68]. In Schweden wird die Vernehmung von Festgenommenen in großem Umfang nur durch Polizeibeamte durchgeführt, die dem zuständigen Staatsanwalt berichten. Dieser entscheidet dann über den Haftbefehl. Da Art. 5 Abs. 3 aus guten Gründen die Anhörung des Festgenommenen durch den Richter oder

---

[64] Vgl. oben S. 19.

[65] Im englischen Text: "judge or other officer authorised by law to exercise judicial power". Zum Teil wird die Meinung vertreten, daß die Formulierung auf den englischen "magistrate" gemünzt ist, der nach britischem Verfassungsrecht nicht als Richter zu qualifizieren ist, obwohl er alle Voraussetzungen des Richterbegriffes hinsichtlich persönlicher und sachlicher Unabhängigkeit erfüllt. Vgl. dazu eingehend S. Trechsel, Die Verteidigungsrechte in der Praxis zur Europäischen Menschenrechtskonvention, Schweizerische Zeitschrift für Strafrecht 9 (1979), S. 337.

[66] EGMR 34 (1979) — Schiesser — EuGRZ 1980, S. 202 ff.; Bericht der Kommission vom 9. März 1978 = EuGRZ 1978, S. 309.

[67] A. a. O., S. 11 ff.

[68] Skoogström, Beschw. Nr. 8582/79 = Pressekommuniqué C (82) 59 vom 18. 10. 1982 — vgl. auch EuGRZ 1982, S. 487.

anderen mit rechtlichen Funktionen ausgestatteten Beamten vorsieht, dürfte dieses Verfahren kaum mit der Konvention vereinbar sein.

Eine grundlegende Rechtsschutzgarantie enthält Art. 6 der Konvention. Nach der deutschen Übersetzung, die nicht verbindlich ist, da der Vertrag nur auf englisch und französisch authentisch ist, hat jedermann Anspruch darauf, daß seine Sache in billiger Weise öffentlich und innerhalb einer angemessenen Frist gehört wird, und zwar von einem unabhängigen und unparteiischen, auf Gesetz beruhenden Gericht, das über zivilrechtliche Ansprüche und Verpflichtungen oder über die Stichhaltigkeit der gegen ihn erhobenen strafrechtlichen Anklage zu entscheiden hat. Die Übersetzung „zivilrechtlich" ist problematisch, da es im englischen Text „civil rights and obligations", im französischen Text „droits et obligations de caractère civil" heißt. Es ist eine der besonders schwierigen Fragen im Rahmen der Konvention, welche Ansprüche und Verfahren unter diese Bestimmung in Art. 6 fallen. Davon hängt es ab, wann der Staat ein Gericht zur Entscheidung zur Verfügung stellen muß[69].

Im Fall König hat der Gerichtshof das deutsche Verwaltungsgerichtsverfahren, das gegen die Entziehung einer ärztlichen Approbation eingeleitet worden war, als von Art. 6 umfaßt angesehen, weil es für die Privatrechte des Arztes unmittelbar entscheidend sei. Das Recht zur Fortführung des Berufes wird in diesem Sinne als „civil right" angesehen, wobei der Gerichtshof besonders betont, daß der Arztberuf durch den Abschluß von privatrechtlichen Verträgen ausgeübt werde[70]. Man kann nicht sagen, daß diese Begründung befriedigt, die von den Auswirkungen auf die Rechtsnatur schließt. Eine Taxi- oder Eisenbahnkonzession muß nach denselben Kriterien unter Art. 6 fallende Rechte begründen, weil die entsprechenden Beförderungsverträge privatrechtlicher Natur sind[71]. Es ist mit dieser Rechtsprechung aber deutlich, daß überall ein Rechtsweg zur Verfügung stehen muß, wo in vergleichbarer Weise gegenüber Ärzten oder anderen freien Berufen hoheitlich in die Berufsausübung eingegriffen wird. So hat der Gerichtshof denn auch entschieden, daß ein Rechtsweg vorhanden sein muß gegen Disziplinarmaßnahmen, mit denen Ärzten befristet oder unbefristet die Berufsausübung untersagt wird[72]. Da er in Belgien nicht gegeben war, wurde in mehreren Verfahren eine Verletzung

---

[69] Vgl. W. Peukert, Die Garantie des „fair trial" in der Straßburger Rechtsprechung, EuGRZ 1980, S. 247.

[70] EGMR 27 (1978), S. 31 ff. — König —.

[71] Vgl. dazu die eingehende abweichende Meinung des österreichischen Richters Matscher, a. a. O., S. 45 ff.

[72] EGMR 43 (1981) — Le Compte, Van Leuven u. De Meyere — = EuGRZ 1981, S. 551 ff.; sowie das Urteil Albert und Le Compte vom 10. 2. 1983 = EuGRZ 1983, S. 190 ff. (EGMR 58).

festgestellt. Die belgische Cour de Cassation hat dieser Rechtsprechung die Gefolgschaft zunächst versagt, sich ihr aber offenbar jetzt angeschlossen[73].

Art. 6 garantiert dort, wo er anwendbar ist, den Zugang zu einem Gericht. In Großbritannien konnte ein Strafgefangener nur mit Zustimmung des Innenministers eine zivilprozessuale Klage erheben. Das wurde als Verletzung des Rechts auf den Gerichtsschutz angesehen[74].

Das Gericht, vor das ein Verfahren nach Art. 6 kommt, muß unabhängig und unparteiisch sein und auf einem Gesetz beruhen. Der Gerichtshof hat in einer frühen Entscheidung mit ganz knapper Begründung österreichische Grundverkehrskommissionen, die unabhängig entscheiden, in denen aber auch Verwaltungsbeamte sitzen, als Gerichte bezeichnet[75]. Die Kommission hat vor kurzem einen neuen, noch krasseren Fall dieser Art vor den Gerichtshof gebracht, um eine Klärung zu erreichen, was im Sinne von Art. 6 ein Gericht ist[76]. Es erscheint kaum denkbar, daß Organe, die für den Bürger eindeutig als Verwaltungskommissionen erscheinen, Gerichtsqualität im Sinne von Art. 6 haben könnten. Gerade für den Rechtsschutz ist es von wesentlicher Bedeutung, daß die Qualität als unabhängiges Gericht auch für den rechtsuchenden Bürger eindeutig ist. Auch hier gibt es Parallelen aus der frühen Rechtsprechung des Bundesverfassungsgerichts[77].

Im Strafverfahren ist der Zugang zum Gericht normalerweise unproblematisch. Interessant war aber hier ein belgischer Fall, in dem es dem Betroffenen durch eine ständige Praxis der Strafverfolgungsbehörden unmöglich gemacht wurde, gerichtliche Entscheidungen abzuwarten. Es wurde nämlich bei der Verletzung von Preisauszeichnungsvorschriften in Metzgereien dem Metzger angedroht, daß sein Geschäft geschlossen werden müsse, wenn er nicht eine sofortige Buße zahle, sondern das Strafverfahren abwarte. Kommission und Gerichtshof haben dieses System, dessen Rechtsstaatswidrigkeit evident ist, als klaren Verstoß gegen Art. 6 Abs. 1 bezeichnet. Besonders pikant war hier noch, daß der belgische Conseil d'Etat die fraglichen Preisverordnungen mehrfach wegen mangelnder Ermächtigung für nichtig erklärt hatte. Dennoch blieb die Verwaltung bei ihrer Praxis[78].

[73] Urteil vom 14.4.1983, Radoux c. Ordre des Architectes.
[74] EGMR 18 (1974) — Golder — = EuGRZ 1975, S. 98.
[75] EGMR 13 (1971), S. 39 — Ringeisen —.
[76] Fall Sramek, Beschw. Nr. 8790/79 = Pressekommunique C (82) vom 8.9.1982; Bericht der Kommission vom 17.12.1982; vgl. EuGRZ 1982, S. 206 f.
[77] Vgl. BVerfGE 4, 331, 344 ff.
[78] EGMR 35 (1980), S. 12 — Deweer — EuGRZ 1980, S. 667 f.

24

Unklarheiten können sich bei der Frage ergeben, unter welchen Voraussetzungen ein Strafverfahren vorliegt. Sowohl die Abgrenzung gegenüber dem Disziplinarrecht als auch gegenüber Verwaltungssanktionen macht hier Schwierigkeiten. Die Kommission hat dem Gerichtshof den Fall Öztürk vorgelegt, der das deutsche Verfahren nach dem Ordnungswidrigkeitengesetz betrifft. Die Mehrheit der Kommission hat es als Strafverfahren im Sinne von Art. 6 qualifiziert[79].

Zwei weitere belgische Verfahren betrafen die Bedeutung der Unparteilichkeit des Strafgerichts. Kommission und Gerichtshof kamen einstimmig zu dem Ergebnis, daß der Grundsatz der Unparteilichkeit verletzt war, als ein Staatsanwalt, der in einer Sache als Vorgesetzter des zuständigen Staatsanwalts tätig geworden war, später Präsident des Schwurgerichts wurde, das denjenigen verurteilte, gegen den sich die Ermittlungen gerichtet hatten[80]. Ebenso dürfte in einem Fall zu entscheiden sein, in dem der Untersuchungsrichter als Mitglied des erkennenden Gerichts tätig wurde[81].

5. Die Wirkung von Konvention und Rechtsprechung der Organe im staatlichen Recht

Die Entscheidungen des Gerichtshofs haben keine umfassende Bindungswirkung, wie sie § 31 BVerfGG für das Bundesverfassungsgericht festlegt. Ein Urteil entscheidet nur den Einzelfall, bindet hier den Staat freilich formell (Art. 53). Wo die Einzelentscheidung klar gesetzlich vorgeschrieben war, enthält die Entscheidung des Gerichtshofs freilich häufig auch die indirekte Aussage über die Konventionswidrigkeit des Gesetzes. In derartigen Fällen ist richtigerweise zwar nicht aus der Rechtskraft, aber aus der Verpflichtung zur Einhaltung der Konvention abzuleiten, daß das Gesetz geändert werden muß[82]. Das geschieht auch häufig[83].

---

[79] Öztürk, Bericht vom 12.5.1982, Sonderveröffentlichung; vgl. EuGRZ 1982, S. 143.
[80] EGMR 53 (1982) — Piersack —.
[81] De Cubber — EuGRZ 1982, S. 487.
[82] Vgl. G. Ress, Die Europäische Menschenrechtskonvention und die Vertragsstaaten: Die Wirkungen der Urteile des Europäischen Gerichtshofes für Menschenrechte im innerstaatlichen Recht und vor innerstaatlichen Gerichten, in: Europäischer Menschenrechtsschutz, Schranken und Wirkungen, hrsg. von I. Maier, 1982, S. 235 ff., der offenbar sogar eine formelle Verpflichtung annehmen will. Vgl. dazu auch Frowein, ebendort, S. 307.
[83] Großbritannien hat in letzter Zeit mehrfach seine Gesetzgebung geändert, nachdem der Gerichtshof Verletzungen der Konvention festgestellt hatte, die sich unmittelbar aus der Anwendung britischen Rechts ergaben. Das galt etwa für den closed shop-Fall, EGMR 44 (1980) — Young, James, Webster — ebenso wie für

Nach Art. 50 kann der Gerichtshof Entschädigung für die Konventionsverletzung zusprechen, was häufig geschieht. Voraussetzung für eine
Entschädigung ist, daß das nationale Recht die volle Wiedergutmachung
der Verletzung nicht erlaubt. Das ist meist der Fall, weil die Urteile des
Gerichtshofes keine kassatorische Wirkung im nationalen Recht haben[84].
Die Entschädigung nach Art. 50 erfaßt die Verfahrenskosten vor nationalen und europäischen Instanzen, Ersatz des materiellen Schadens, welcher
etwa durch die Konventionsverletzung entstanden ist, sowie unter
Umständen eine Genugtuung für die erlittene Verletzung (dommage
moral)[85]. Im Fall König hat der Gerichtshof 30 000,— DM für die
zehnjährige Ungewißheit, ob die Entziehung der ärztlichen Approbation
und der gewerberechtlichen Erlaubnis zum Betreiben der Privatklinik
rechtmäßig waren, für angemessen gehalten[86].

Es gibt nur wenige Fälle, in denen Staaten politisch nicht in der Lage
gewesen sind, durch ihre Gesetzgebung einem Urteil nachzukommen.
Das gilt etwa für die Sprachengesetzgebung in Belgien, die nach einem
Urteil von 1968 geändert werden müßte, soweit die Umlandgemeinden
von Brüssel betroffen sind, was aber politisch in Belgien bisher nicht
vollständig durchgesetzt werden konnte[87].

Im übrigen sollten die Entscheidungen von Kommission und Gerichtshof auch sonst von den nationalen Gerichten berücksichtigt werden,
wenn es um die Auslegung der Konvention geht. Das geschieht in der
Bundesrepublik bisher nur unvollkommen[88]. Dagegen setzt sich etwa das
Schweizerische Bundesgericht regelmäßig eingehend mit der Rechtsprechung der Konventionsorgane auseinander, und auch der österreichische
Verfassungsgerichtshof zitiert Entscheidungen des Gerichtshofs und der
Kommission. Beide Obergerichte haben es damit freilich relativ leicht,
weil die Konvention in Österreich Verfassungsrang hat und in der

---

die Regelung bezüglich der Homosexualität in Nord-Irland, EGMR 45 (1981) —
Dudgeon — und das habeas-corpus-Verfahren bei der Unterbringung von Geistes-
kranken, EGMR 46 (1981) — X. v. U. K. —. Die Bundesrepublik Deutschland hat
die gesetzlichen Regelungen über die Einbeziehung der Dolmetscherkosten in die
Gerichtskosten im Anschluß an die Auslegung von Art. 6 III e der Konvention
geändert. Dänemark hat seine arbeitsrechtlichen Normen im Anschluß an das
closed shop-Verfahren gegen Großbritannien ergänzt, um ähnliche Konventions-
verstöße auszuschließen.

[84] Ress, a. a. O., S. 242 ff.
[85] Vgl. etwa EGMR 55 (1982), S. 6 ff., — Young, James, Webster Art. 50 —.
[86] EGMR 36 (1980), S. 17.
[87] Offenbar ist neuerdings durch Verordnungen weitgehend der nach dem Urteil
geforderte Zustand herbeigeführt worden.
[88] Das Bundesverfassungsgericht zitiert die Konvention gelegentlich, vgl.
BVerfGE 19, 342.

Schweiz zumindest die staatsrechtliche Beschwerde auf ihre Verletzung gestützt werden kann[89]. Aber auch bei uns könnten die Konventionsgarantien vom Bundesverfassungsgericht zur Auslegung der Grundrechte stärker herangezogen werden, selbst wenn das Gericht nicht den Schritt zu gehen bereit ist, der die Konvention zu der der Verfassung gemäßen Ordnung i. S. von Art. 2 I GG zählen würde, so daß jedenfalls indirekt eine Verfassungsbeschwerde auf ihre Verletzung gestützt werden könnte[90].

Noch weit schwieriger ist die Lage dort, wo die Konvention innerstaatlich nicht anwendbar ist, also in Großbritannien, Irland und den skandinavischen Staaten[91]. Nicht nur kann der innerstaatliche Richter die Urteile des Gerichtshofes dort nicht berücksichtigen, sondern vor allem kann er die Vereinbarkeit von Maßnahmen mit der Konvention nicht unmittelbar überprüfen. Zwar haben englische Gerichte zum Teil versucht, über den Grundsatz einer verfassungskonformen Auslegung des Landesrechts doch Konvention und auch Rechtsprechung der Organe bei der Auslegung des eigenen Rechts zu berücksichtigen[92]. Aber dem sind sehr enge Grenzen gesetzt. Hier liegt gerade im Verhältnis zum europäischen Gemeinschaftsrecht eine der größten Schwächen des Konventionsrechts. Man möchte dringend hoffen, daß sie bald überwunden wird. In England hat es mehrfach Diskussionen über die Transformation der Konvention in innerstaatliches Recht gegeben[93]. Leider ist ein Erfolg bisher ausgeblieben. Es ist eine Konsequenz dieser Rechtslage, daß die Konvention in den genannten Staaten auch unter Juristen oft nicht wirklich bekannt ist. Das

---

[89] Dazu eingehend Ermacora, Nowak, Tretter, Die Europäische Menschenrechtskonvention in der Rechtsprechung der österreichischen Höchstgerichte, 1983; Wildhaber, La pratique suisse relative à la Convention européenne des Droits de l'Homme, regelmäßig in: Schweizerisches Jahrbuch für internationales Recht.

[90] Es leuchtet nicht ein, daß eine Verfassungsbeschwerde über Art. 2 Abs. 1 GG wegen einer Beeinträchtigung der Freiheit im Verstoß gegen eine allgemeine Regel des Völkerrechts erhoben werden kann (BVerfGE 23, 288, 300; 31, 145, 177), nicht aber wegen Verletzung der speziell Freiheiten schützenden Konvention. Meines Erachtens wäre es ein durchaus möglicher Schritt, den Freiheitsschutz in Art. 2 Abs. 1 GG auf die Konventionsfreiheiten auszudehnen und ihnen widersprechende Einzelakte oder Rechtsnormen nicht zur „verfassungsmäßigen Ordnung" im Sinne der Schrankenklausel zu rechnen.

[91] Vgl. hierzu A. Z. Drzemczewski, European Human Rights Convention in Domestic Law, 1983, S. 125—141 mit weiteren Nachweisen.

[92] So etwa R v. Secretary of State for Home Affairs, ex parte Bhajan Singh (1975), 3 WLR 225.

[93] Vgl. J. E. S. Fawcett, A Bill of Rights for the United Kingdom? 1 Human Rights Review (1976), S. 57—64; House of Lords Report of the Select Committee on a Bill of Rights, paper 176 (1978); J. Jaconelli; Enacting a Bill of Rights (1980), S. 246 ff.; Do We Need A Bill of Rights? (ed. C. Campbell, 1980).

zeigt sich etwa für Skandinavien sehr deutlich. Erst jetzt kommen Fragen an die Kommission aus Schweden, die bei größerer Bekanntheit gewiß längst gestellt worden wären. In England ist dieses Problem in den letzten Jahren durch die Aktivität der Londoner Anwaltschaft überwunden worden, die einige Spezialisten auf dem Gebiet des Konventionsrechts hervorgebracht hat.

Man würde gern denjenigen folgen, die eine innerstaatliche Anwendbarkeit der Konvention als Verpflichtung aus ihrem Sinn und Zweck und aus Art. 13 entnehmen wollen[94]. Aber man muß zugeben, daß das nach dreißigjähriger entgegenstehender Praxis bestimmter Staaten und ohne klare Vorschrift über die Transformation nicht leicht fällt. Art. 13 gewährleistet jedem, dessen Konventionsrechte verletzt sind, eine wirksame Beschwerde („effective remedy") vor einer nationalen Behörde. Es liegt an sich nahe, daraus zu schließen, daß man vor dieser Behörde die Möglichkeit haben muß, sich auch auf die Konvention als solche zu berufen. Aber es ist auch möglich, Art. 13 dahin zu verstehen, daß hierfür eine Berufung auf eine parallele nationale Norm ausreicht. Der Gerichtshof hat mehrfach dargelegt, die Staaten, die die Konvention für intern anwendbar erklärt hätten, beachteten ihren Sinn der Schaffung von Individualrechten besonders getreu[95]. Eine Pflicht zur internen Anwendbarkeit hat er dagegen in einer neueren Entscheidung ganz ausdrücklich verneint[96]. Es sollte in diesem Zusammenhang aber auch hinzugefügt werden, daß etwa Großbritannien, gegen das wegen des fehlenden innerstaatlichen Verwaltungs- und Verfassungsrechtsschutzes und auch wegen der fehlenden Anwendbarkeit der Konvention eine besonders große Zahl grundlegender Beschwerden eingelegt wird, die Beachtung der Entscheidungen der Konventionsorgane bis hin zu Gesetzesänderungen sehr genau nimmt.

6. Schlußbetrachtung

Das System des europäischen Grundrechtsschutzes ist gewiß nicht vollkommen. Es ist aber ein bisher einzigartiges Beispiel einer Entfaltung von Grundrechten durch internationale Rechtsprechung[97]. Dabei ist klar,

[94] So zu Anfang H. Golsong: Das Rechtsschutzsystem der Europäischen Menschenrechtskonvention (1958), und T. Buergenthal: The Effect of the European Convention on Human Rights on the Internal Law of Member States, ICLQ, Supp., No. 11 (1965), S. 79 ff.
[95] EGMR 25 (1978), S. 91 — Ireland v. UK —.
[96] EGMR Silver u. a. vom 25. 3. 1983.
[97] Ob das interamerikanische Verfahren eine vergleichbare Bedeutung gewinnen kann, ist sehr offen. Frowein, EuGRZ 1980, S. 234 f.

daß die Homogenität zwischen den europäischen Staaten in den Grund-
fragen von entscheidender Bedeutung ist. Sie besteht jedenfalls im Kern-
gebiet der Konvention, wenn man auch zugeben muß, daß in Südosteu-
ropa hier zum Teil abweichende Vorstellungen existieren. Es ist nicht
untypisch, daß die vier Staaten, die die Individualbeschwerde nicht
anerkannt haben, die südöstlichen Mittelmeerstaaten Malta, Zypern,
Griechenland und Türkei sind. Ein Vergleich des europäischen Men-
schenrechtsschutzes mit dem im Rahmen der Vereinten Nationen zeigt,
daß Europa seine Identität vor allem bei dem Verständnis der liberalen
Freiheitsrechte unbedingt verteidigen muß. Wenn das Komitee nach dem
UN-Pakt über Bürgerliche und Politische Rechte es auch bisher vermie-
den hat, ein Verständnis der Meinungs- und Pressefreiheit zu formulie-
ren, so ist doch die Gefahr groß, daß es bei einer solchen Umschreibung
nur zu einem Formelkompromiß kommen kann, der für West und Ost
gleichermaßen akzeptabel ist[98]. Mitgliedstaaten des weltweiten Paktes
über Bürgerliche und Politische Rechte, der in weitgehend identischen
Formulierungen wie die Europäische Konvention für Menschenrechte
liberale Freiheitsrechte formuliert, sind sowohl Staaten des Westens als
auch des Ostens und der Dritten Welt. Für die Auslegung der europäischen Grundrechte darf ein solcher Formelkompromiß nicht gelten.
Insofern ist es von großer Bedeutung, daß die Rechtsprechung der
Konventionsorgane und der nationalen Gerichte in Westeuropa der Welt
ein Beispiel für die Möglichkeit geben, daß Grundrechte das funktionie-
rende Gewissen einer Rechtsordnung darstellen und immer wieder diese
Rechtsordnung unmittelbar beeinflussen.

---

[98] Zu diesem Verfahren bisher: M. Nowak: Die Durchsetzung des Internationa-
len Paktes über bürgerliche und politische Rechte / Bestandsaufnahme der ersten 10
Tagungen des UN-Ausschusses für Menschenrechte, EuGRZ 1980, S. 532 ff. L.
Henkin (ed.): The Covenant on Civil and Political Rights, 1981.

Anhang

Konventionstext mit kurzen Erläuterungen

Art. 1

„Die Hohen Vertragschließenden Teile sichern allen ihrer Herrschafts-gewalt unterstehenden Personen die in Abschnitt I dieser Konvention niedergelegten Rechte und Freiheiten zu."

Mit der Ratifikation der Konvention stehen den unter der „Herr-schaftsgewalt" (jurisdiction, juridiction) der Konventionsstaaten stehen-den Personen die Konventionsrechte als völkerrechtliche Individualrechte zu. Das bedeutet nicht, daß die Staaten verpflichtet wären, die Konven-tion auch für intern anwendbar zu erklären, obwohl Staaten, die das tun, dem Sinn der Konvention besonders getreu entsprechen[1]. Die Konvention ist in Großbritannien, Irland und den skandinavischen Staaten nicht als innerstaatliches Recht anwendbar. In den übrigen Staaten ist sie internes Recht, in Österreich hat sie Verfassungsrang.

Art. 2

„1. Das Recht jedes Menschen auf das Leben wird gesetzlich geschützt. Abgesehen von der Vollstreckung eines Todesurteils, das von einem Gericht im Falle eines mit der Todesstrafe bedrohten Verbrechens ausge-sprochen worden ist, darf eine absichtliche Tötung nicht vorgenommen werden.

2. Die Tötung wird nicht als Verletzung dieses Artikels betrachtet, wenn sie sich aus einer unbedingt erforderlichen Gewaltanwendung er-gibt:

a) um die Verteidigung eines Menschen gegenüber rechtswidriger Gewaltanwendung sicherzustellen;

b) um eine ordnungsgemäße Festnahme durchzuführen oder das Ent-kommen einer ordnungsgemäß festgehaltenen Person zu verhin-dern;

c) um im Rahmen der Gesetze einen Aufruhr oder einen Aufstand zu unterdrücken."

Art. 2 legt eine ausdrückliche Schutzpflicht des Staates für das Leben fest. Ob auch das „ungeborene Leben" hierzu gehört, hat die Kommis-sion bisher offengelassen[2]. Die Verpflichtung zum Lebensschutz kann auch dazu führen, daß ein Staat gegen Terroristen die nach den Umstän-den möglichen Abwehrmaßnahmen treffen muß[3]. Die Todesstrafe ist

---

[1] So jetzt eindeutig EGMR 61 (1983), Silver u. a., Par. 113.
[2] DR 19, S. 244; vgl. dazu Reiss, JZ 1981, S. 738.
[3] 9348/81 und 9360/81.

nach Absatz 1 weiter zulässig. Am 28.4.1983 ist ein 6. Zusatzprotokoll zur Konvention zur Zeichnung aufgelegt worden, nach dem die Todesstrafe ausdrücklich verboten werden soll[4]. Es ist bisher nicht in Kraft. Die Kommission hat 1982 eine Beschwerde für zulässig erklärt, mit der gerügt wurde, daß der gezielte Todesschuß zur Durchführung einer Festnahme i. S. von Art. 2 Abs. 2 nicht „unbedingt erforderlich" ist[5].

Art. 3

„Niemand darf der Folter oder unmenschlicher oder erniedrigender Strafe oder Behandlung unterworfen werden."

Die Begriffe des Art. 3 sind relativ unbestimmt. Die Kommission hat im Griechenland-Fall die unmenschliche Behandlung definiert als eine Behandlung, die absichtlich schwere psychische oder physische Leiden verursacht, die in der bestimmten Situation ungerechtfertigt sind[6]. Im Verfahren Irland gegen Großbritannien sind die sogenannten fünf Techniken (mit verbundenen Augen an der Wand stehen unter hohem Geräuschpegel, Essen und Trinken auf Minimum reduziert, kein Schlaf) von der Kommission als Folter, vom Gerichtshof als unmenschliche Behandlung qualifiziert worden[7]. Kommission und Gerichtshof haben die gerichtlich verhängte Prügelstrafe als erniedrigende Bestrafung angesehen[8]. Haftbedingungen sind vielfach an Art. 3 überprüft worden[9]. Die Ausweisung oder Auslieferung in einen Staat, in dem eine unmenschliche Behandlung konkret droht, ist eine Verletzung von Art. 3[10]. Die Kommission weist in Fällen, in denen diese Gefahr zu bestehen scheint, gemäß Art. 36 ihrer Verfahrensordnung den betreffenden Staat darauf hin, daß bis zum Abschluß des Verfahrens keine Durchführungsmaßnahmen getroffen werden sollten. Dem kommen die Staaten durchweg nach.

Art. 4

„1. Niemand darf in Sklaverei oder Leibeigenschaft gehalten werden.
2. Niemand darf gezwungen werden, Zwangs- oder Pflichtarbeit zu verrichten.
3. Als „Zwangs- oder Pflichtarbeit" im Sinne dieses Artikels gilt nicht:
a) jede Arbeit, die normalerweise von einer Person verlangt wird, die unter den von Artikel 5 der vorliegenden Konvention vorgesehenen Bedingungen in Haft gehalten oder bedingt freigelassen worden ist;
b) jede Dienstleistung militärischen Charakters, oder im Falle der Verweigerung aus Gewissensgründen in Ländern, wo diese als berechtigt anerkannt ist, eine sonstige anstelle der militärischen Dienstpflicht tretende Dienstleistung;
c) jede Dienstleistung im Falle von Notständen und Katastrophen, die das Leben oder das Wohl der Gemeinschaft bedrohen;

---

[4] Hartig, EuGRZ 1983, S. 270.
[5] Farrell, 9013/80, EuGRZ 1983, S. 115.
[6] YB 12, The Greek Case, S. 186.
[7] YB 19 (1976), S. 789 ff.; EGMR 25 (1978), S. 66. f.
[8] EGMR 26 (1978) — Tyrer Case —.
[9] DR 14, S. 64; 20, S. 44.
[10] DR 1, S. 73; Altun 10308/83, 3.5.1983.

d) jede Arbeit oder Dienstleistung, die zu den normalen Bürgerpflichten gehört."

Sklaverei oder Leibeigenschaft sind bisher vor den Konventionsorganen nicht problematisch geworden. Dagegen ist die Umschreibung von Zwangs- oder Pflichtarbeit insbesondere im Zusammenhang mit veralteten Berufsordnungen zu prüfen gewesen. In dem bekannten Fall Iversen gegen Norwegen hat die Kommission mit 6 zu 4 Stimmen die Beschwerde eines Zahnarztes zurückgewiesen, der nach norwegischem Recht verpflichtet war, zwei Jahre in Nord-Norwegen für die öffentliche Gesundheitsversorgung zu arbeiten[11]. Als Begründung wurde auf die Praxis der Internationalen Arbeitsorganisation zur Zwangs- und Pflichtarbeit verwiesen. Demnach müsse die Arbeit „ungerecht, unterdrückend oder mit vermeidbaren Härten" verbunden sein, woran es hier fehle. Fast zehn Jahre später hat die Kommission einen Fall für zulässig erklärt, in dem der Beschwerdeführer als Pflichtverteidiger bestellt worden war, ohne daß Gebühren dafür fällig wurden. Der Fall wurde durch Vergleich nach Art. 28 b beigelegt, nachdem die österreichische Gesetzgebung gewisse Gebühren festgelegt hatte[12]. 1982 hat die Kommission ihren Bericht im Fall van der Mussele gegen Belgien angenommen und den Gerichtshof angerufen. Hier geht es um die Verpflichtung belgischer „avocats stagiaires", Armenrechtssachen ohne Entgelt zu vertreten[13].

Art. 5

„1. Jeder Mensch hat ein Recht auf Freiheit und Sicherheit. Die Freiheit darf einem Menschen nur in den folgenden Fällen und nur auf dem gesetzlich vorgeschriebenen Wege entzogen werden:

a) wenn er rechtmäßig nach Verurteilung durch ein zuständiges Gericht in Haft gehalten wird;

b) wenn er rechtmäßig festgenommen worden ist oder in Haft gehalten wird wegen Nichtbefolgung eines rechtmäßigen Gerichtsbeschlusses oder zur Erzwingung der Erfüllung einer durch das Gesetz vorgeschriebenen Verpflichtung;

c) wenn er rechtmäßig festgenommen worden ist oder in Haft gehalten wird zum Zwecke seiner Vorführung vor die zuständige Gerichtsbehörde, sofern hinreichender Verdacht dafür besteht, daß der Betreffende eine strafbare Handlung begangen hat, oder begründeter Anlaß zu der Annahme besteht, daß es notwendig ist, den Betreffenden an der Begehung einer strafbaren Handlung oder an der Flucht nach Begehung einer solchen zu verhindern;

d) wenn es sich um die rechtmäßige Haft eines Minderjährigen handelt, die zum Zwecke überwachter Erziehung angeordnet ist, oder um die rechtmäßige Haft eines solchen, die zwecks Vorführung vor die zuständige Behörde verhängt ist;

e) wenn er sich in rechtmäßiger Haft befindet, weil er eine Gefahrenquelle für die Ausbreitung ansteckender Krankheiten bildet, oder weil er geisteskrank, Alkoholiker, rauschgiftsüchtig oder Landstreicher ist;

---

[11] YB 6 (1963), S. 278 — Iversen.
[12] YB 15 (1972), S. 448, 558.
[13] Bericht vom 3.3.1982, siehe EuGRZ 1982, S. 208.

f) wenn er rechtmäßig festgenommen worden ist oder in Haft gehalten wird, weil er daran gehindert werden soll, unberechtigt in das Staatsgebiet einzudringen, oder weil er von einem gegen ihn schwebenden Ausweisungs- oder Auslieferungsverfahren betroffen ist.

2. Jeder Festgenommene muß unverzüglich und in einer ihm verständlichen Sprache über die Gründe seiner Festnahme und über die gegen ihn erhobenen Beschuldigungen unterrichtet werden.

3. Jede nach der Vorschrift des Absatzes 1 c dieses Artikels festgenommene oder in Haft gehaltene Person muß unverzüglich einem Richter oder einem anderen gesetzlich zur Ausübung richterlicher Funktionen ermächtigten Beamten vorgeführt werden. Er hat Anspruch auf Aburteilung innerhalb einer angemessenen Frist oder auf Haftentlassung während des Verfahrens. Die Freilassung kann von der Leistung einer Sicherheit für das Erscheinen vor Gericht abhängig gemacht werden.

4. Jeder, der seiner Freiheit durch Festnahme oder Haft beraubt ist, hat das Recht, ein Verfahren zu beantragen, in dem von einem Gericht unverzüglich über die Rechtmäßigkeit der Haft entschieden wird und im Falle der Widerrechtlichkeit seine Entlassung angeordnet wird.

5. Jeder, der entgegen den Bestimmungen dieses Artikels von Festnahme oder Haft betroffen worden ist, hat Anspruch auf Schadensersatz."

1. Der Freiheitsbegriff

1. Der Begriff der persönlichen Freiheit wird nur ausnahmsweise Probleme aufwerfen[14]. Sicherheit i. S. dieser Bestimmung bedeutet Schutz gegen willkürliche Freiheitsentziehungen. Voraussetzungen und Verfahren der Freiheitsentziehung müssen gesetzlich vorgeschrieben sein, Willkür muß ausgeschlossen sein[15].

2. Die Gründe der Freiheitsentziehung

a) Die Konventionsorgane können die Richtigkeit der Verurteilung naturgemäß nicht überprüfen. Eine Verurteilung kann auch dann die Grundlage der Freiheitsentziehung sein, wenn eine Entscheidung der Exekutive hinzutreten muß, wie bei bestimmten Formen der Sicherungsverwahrung[16].

b) Hierunter fallen Erzwingungsmaßnahmen, etwa zwangsweise psychiatrische Observation, Blutuntersuchungen, Zwangshaft bei Nichtzahlung einer Geldstrafe[17]. Es muß sich um spezifische und konkrete Verpflichtungen handeln, nicht die allgemeine Verpflichtung zur Einhaltung der Gesetze[18].

c) Hier ist die Untersuchungshaft geregelt. Für das Verfahren ist Abs. 3 zu beachten (vgl. unten Nr. 4). Drei Alternativen werden unterschieden: es muß hinreichender Verdacht einer strafbaren Handlung bestehen; oder die Begehung einer solchen muß verhindert werden; oder es muß Fluchtgefahr nach Begehung einer Straftat gegeben sein. Abs. 3

---

[14] So etwa im Fall Guzzardi vgl. oben S. 18.
[15] Vgl. oben S. 14.
[16] EGMR 50 (1982), S. 18 ff. — Van Droogenbroeck.
[17] DR 3, S. 92; 8, S. 42; 15, S. 35; 18, S. 154.
[18] EGMR 39 (1980), S. 37 — Guzzardi Case.

erwähnt die Garantien (vgl. unten Nr. 4). Die Verhinderung einer strafbaren Handlung kann sich nur auf eine konkretisierte Straftat beziehen, allgemeine Internierungen sind auf Grund von Art. 5 Abs. 1 c nicht zulässig[19].

d) Die Unterbringung Jugendlicher zur Beobachtung und zwecks Abfassung eines psycho-medizinischen Gutachtens ist hierdurch gerechtfertigt[20].

e) Wegen der Schwierigkeit der Feststellung, vor allem bei Geisteskrankheit, ist hier die Gerichtskontrolle nach Abs. 4 von wesentlicher Bedeutung (vgl. unten Nr. 5).

f) Die Rechtsgrundlage ist hier das Ausweisungs- und Auslieferungsverfahren zusammen mit dem entsprechenden nationalen Recht. Wird das Verfahren nicht weiter betrieben, so entfällt die Grundlage[21].

3. Art. 5 Abs. 2

Die Information muß die wesentlichen Gründe umfassen[22]. Sie muß in einer verständlichen Sprache erfolgen.

4. Art. 5 Abs. 3

Art. 5 Abs. 3 enthält zwei getrennte Garantien:

a) Die Vorführung jedes wegen einer Straftat Festgenommenen muß vor einen Richter oder anderen richterlichen Beamten erfolgen. Wer letzteres sein kann, ist zweifelhaft. Kommission und Gerichtshof haben den Bezirksanwalt in Zürich, der in unabhängiger Stellung Untersuchungs- und Anklagezuständigkeiten vereinigt, als ausreichend angesehen[23]. Die Kommission hatte inzwischen zu überprüfen, ob der schwedische Staatsanwalt als richterlicher Beamter i. S. von Art. 5 Abs. 3 zu qualifizieren ist[24]. Der Richter oder andere richterliche Beamte muß den Festgenommenen selbst hören und die Entscheidung über die Inhaftierung an Hand rechtlicher Kriterien treffen. Was „unverzüglich" („promptly" — „aussitôt") zeitlich genau bedeutet, ist nicht eindeutig. Die Kommission hat entschieden, daß sieben Tage jedenfalls darüber hinausgeht[25]. Wichtig ist in diesem Zusammenhang auch, daß die Vorführung automatisch erfolgen muß. Ein Antragsverfahren genügt Art. 5 Abs. 3 nicht[26].

b) Begrenzung der Untersuchungshaft

Art. 5 Abs. 3 enthält eine Art. 6 Abs. 1 entsprechende Garantie auf eine Hauptverhandlung und ein Urteil innerhalb angemessener Frist. Bei Inhaftierten trifft den Staat dabei eine besondere Verpflichtung, das

---

[19] ebendort S. 38 f.
[20] DR 18, S. 238.
[21] DR 12, S. 207.
[22] DR 16, S. 111.
[23] EGMR 34 (1979) — Schiesser Case.
[24] Skoogström, Bericht vom 15. 7. 1983, 8582/79.
[25] De Jong, Baljet, van den Brink, Bericht vom 11. 10. 1982, S. 27.
[26] A. a. O.

34

Verfahren schleunig zu betreiben[27]. Die Haft beurteilt sich nach Art. 5 Abs. 3 bis zur ersten Verurteilung, selbst wenn nach nationalem Recht Rechtsmittel aufschiebende Wirkung haben und der in erster Instanz Verurteilte technisch weiter in Untersuchungshaft verbleibt, weil Rechtsmittel eingelegt sind[28]. Das rechtfertigt sich wegen der sonst eintretenden unterschiedlichen Behandlung von Staaten mit unterschiedlichen Rechtssystemen.

5. Art. 5 Abs. 4

Die dem englischen habeas corpus-Verfahren nachgebildete Vorschrift enthält eine formelle Garantie für eine gerichtliche Überprüfung bei der Freiheitsentziehung. Auch diese Entscheidung muß „unverzüglich" („speedily" — à bref délai") erfolgen. Sicher kann der Zeitraum länger sein als bei Art. 5 Abs. 3. Zehn bis sechzehn Tage hat die Kommission hier unter besonderen Voraussetzungen ausreichen lassen[29]. Besonders wichtig ist, inwieweit die Überprüfung der Rechtmäßigkeit der Freiheitsentziehung durch das Gericht gehen muß. In der grundlegenden Entscheidung X v. U. K. hat der Gerichtshof festgestellt, daß eine bloß formelle Prüfung nicht ausreicht[30]. Die materiellen Voraussetzungen der Inhaftierung müssen vom Gericht überprüft werden können. Das gilt auch bei der Unterbringung wegen Geisteskrankheit. Bei langfristiger Einweisung wegen Geisteskrankheit muß eine periodische Überprüfung möglich sein. Im Falle Van Droogenbroeck hat der Gerichtshof entschieden, daß eine Freiheitsentziehung lange nach Verurteilung zu einer bedingten Sicherungsverwahrung eine neue Kontrolle nach Art. 5 Abs. 4 ermöglichen muß[31].

6. Art. 5 Abs. 5

Der Schadensersatzanspruch nach Abs. 5 setzt voraus, daß eine Freiheitsentziehung in Verletzung von Art. 5 erfolgt ist. Damit ist also nicht eine Entschädigung für Untersuchungs- oder Strafhaft gewährleistet, wenn der Betreffende später freigesprochen wird. Bevor der Anspruch geltend gemacht werden kann, muß die Verletzung von Art. 5 Abs. 1 festgestellt werden. Das kann durch nationale oder Konventionsorgane geschehen[32].

Art. 6

„1. Jedermann hat Anspruch darauf, daß seine Sache in billiger Weise öffentlich und innerhalb einer angemessenen Frist gehört wird, und zwar von einem unabhängigen und unparteiischen, auf Gesetz beruhenden Gericht, das über zivilrechtliche Ansprüche und Verpflichtungen oder über die Stichhaltigkeit der gegen ihn erhobenen strafrechtlichen Anklage zu

---

[27] EGMR (1968), S. 21 ff., 26 — Wemhoff Case.
[28] A. a. O., S. 23 ff.
[29] DR 17, S. 59.
[30] EGMR 46 (1981), S. 24 ff., vgl. oben S. 19.
[31] EGMR 50 (1982), S. 22 ff.
[32] DR 5, S. 80; 19, S. 213.

*entscheiden hat. Das Urteil muß öffentlich verkündet werden, jedoch
kann die Presse und die Öffentlichkeit während der gesamten Verhandlung oder eines Teiles derselben im Interesse der Sittlichkeit, der öffentlichen Ordnung oder der nationalen Sicherheit in einem demokratischen
Staat ausgeschlossen werden, oder wenn die Interessen von Jugendlichen
oder der Schutz des Privatlebens der Prozeßparteien es verlangen oder,
und zwar unter besonderen Umständen, wenn die öffentliche Verhandlung die Interessen der Gerechtigkeit beeinträchtigen würde, in diesem
Falle jedoch nur in dem nach Auffassung des Gerichts erforderlichen
Umfang.*

*2. Bis zum gesetzlichen Nachweis seiner Schuld wird vermutet, daß der
wegen einer strafbaren Handlung Angeklagte unschuldig ist.*

*3. Jeder Angeklagte hat mindestens (englischer Text) insbesondere
(französischer Text) die folgenden Rechte:*

*a) unverzüglich in einer für ihn verständlichen Sprache in allen Einzel-
heiten über die Art und den Grund der gegen ihn erhobenen Beschuldigung in Kenntnis gesetzt zu werden;*

*b) über ausreichende Zeit und Gelegenheit zur Vorbereitung seiner
Verteidigung zu verfügen;*

*c) sich selbst zu verteidigen oder den Beistand eines Verteidigers seiner
Wahl zu erhalten und, falls er nicht über die Mittel zur Bezahlung eines
Verteidigers verfügt, unentgeltlich den Beistand eines Pflichtverteidigers
zu erhalten, wenn dies im Interesse der Rechtspflege erforderlich ist;*

*d) Fragen an die Belastungszeugen zu stellen oder stellen zu lassen und
die Ladung und Vernehmung der Entlastungszeugen unter denselben
Bedingungen wie die der Belastungszeugen zu erwirken;*

*e) die unentgeltliche Beiziehung eines Dolmetschers zu verlangen,
wenn er (der Angeklagte) die Verhandlungssprache des Gerichts nicht
versteht oder sich nicht darin ausdrücken kann."*

1. Abs. 1

a) Anwendbarkeit

Die Bestimmung ist jedenfalls für Zivil- und Strafverfahren anwendbar.
Kommission und Gerichtshof legen die verwendeten Begriffe aber autonom aus. Daher werden auch Verfahren, die die Rechtmäßigkeit von
Disziplinarmaßnahmen gegen Ärzte mit der Folge der Berufsuntersagung
betreffen, dazu gerechnet. Wie weit damit auch sonst verwaltungsrechtli-
che Streitigkeiten einbezogen werden können, ist bisher offen. Der
Gerichtshof hat Art. 6 auch für anwendbar gehalten, wo Enteignungserlaubnisse die Rechtmäßigkeit einer später erfolgenden Enteignung endgültig feststellen[33].

b) Zugang zum Gericht

Die Bestimmung garantiert den Zugang zum Gericht, der nicht an
besondere Genehmigungen gebunden werden darf. Wo Art. 6 Abs. 1
anwendbar ist, muß eine Gerichtsentscheidung bei auftretenden Streitigkeiten über die Rechtmäßigkeit herbeigeführt werden können[34].

---

[33] EGMR 52 (1982) — Sporrong und Lönnroth.
[34] EGMR 18 (1975), — Golder Case.

c) Billiges oder faires Verfahren

Hier handelt es sich um einen sehr wesentlichen Grundsatz, der im Zivil- und Strafverfahren eine zentrale Rolle spielt. Die Kommission hat ein Strafverfahren in Abwesenheit der Angeklagten, ohne daß diese davon Kenntnis hatten oder eine Wiedereröffnung des Verfahrens einleiten konnten, als einen Verstoß gegen den Grundsatz des fairen Verfahrens angesehen[35].

d) Angemessene Frist

Die Länge von Gerichtsverfahren ist immer wieder ein schwieriges Problem vor den Konventionsorganen. Die Dauer eines verwaltungsgerichtlichen Verfahrens, das in erster Instanz nach zehn Jahren nicht abgeschlossen war (König) und eines Strafverfahrens, das 17 Jahre brauchte (Eckle) wurden von Kommission und Gerichtshof als Verstoß gegen Art. 6 angesehen[36]. Dasselbe gilt von einem sachlich einfachen Verfahren, das vor dem Schweizerischen Bundesgericht in erster Instanz drei Jahre dauerte, wobei wegen Überlastung längere Zeit nichts geschah[37]. Ein deutsches Arbeitsgerichtsverfahren wurde mit fünf Jahren in drei Instanzen noch gerade als angemessen angesehen (Buchholz)[38].

e) Unabhängiges, unparteiisches auf Gesetz beruhendes Gericht

Das Gericht muß als von den Parteien unabhängiges Organ gesetzlich errichtet sein. Unabhängigkeit bedeutet nicht, daß die Richter für Lebenszeit ernannt sein müssen. Unparteiisch bedeutet auch, daß das Gericht unparteiisch erscheint. Das ist nicht der Fall, wo ein früherer Staatsanwalt, der in der Sache tätig geworden war, Vorsitzender des Schwurgerichts wird (Piersack)[39]. Dasselbe muß gelten, wo ein Untersuchungsrichter Mitglied des erkennenden Gerichts wird (De Cubber)[40].

f) Öffentlichkeit

Art. 6 enthält zwei Öffentlichkeitsgewährleistungen für das Verfahren und für die Urteilsverkündung. Der Gerichtshof hat mehrfach einen Verstoß gegen das Gebot der öffentlichen Verhandlung festgestellt (Engel, Le Compte)[41]. Ein Verzicht auf die Öffentlichkeit durch den Betroffenen soll u. U. möglich sein, vor allem bei Disziplinarverfahren[42]. Daß eine öffentliche Verhandlung nur einmal im Verfahren gewährleistet ist und eine reine Rechtsüberprüfung (Kassation, Revision) nicht notwendig in öffentlicher Verhandlung, sondern u. U. im schriftlichen Verfahren erledigt werden kann, hat die Kommission festgestellt (Sutter, Axen, Pretto). Die Frage liegt dem Gerichtshof vor[43].

---

[35] Colozza u. Rubinat, Bericht vom 5. 5. 1980, z. Zt. vor dem EGMR anhängig.
[36] Vgl. oben S. 9 f.
[37] EGMR Zimmermann-Steiner, Urteil vom 13. 7. 1983.
[38] EGMR 42 (1981) — Buchholz Case.
[39] Vgl. oben S. 24.
[40] Bericht vom 5. 7. 1983, 9186/80; vgl. oben S. 24.
[41] EGMR 22 (1976), S. 37; 43 (1981), S. 25 f.
[42] EGMR 43 (1981), S. 25.
[43] Bericht vom 16. 10. 1981, EuGRZ 1981, S. 544 und vom 14. 12. 1981, EuGRZ 1982, S. 143 f.

g) Überprüfung von Verwaltungsentscheidungen

Da Art. 6 u. U. auch den Zugang zum Gericht gegen Verwaltungsent-
scheidungen eröffnet (s. o. S. 22 f.), stellt sich die Frage, wie diese Überprüfung auszusehen hat. Die Verwaltungsbehörde, die die erste Entscheidung trifft, ist selbst nicht an Art. 6 gebunden. Das Gericht muß über die
Rechtmäßigkeit entscheiden, darf aber nicht auf eine Rechtmäßigkeits-
prüfung unter Bindung an die von der Behörde festgestellten Tatsachen
beschränkt sein. Sonst wäre ein Rechtsschutz im eigentlichen Sinn nicht
zu erreichen. Das hat der Gerichtshof auch anerkannt, indem er die bloße
Rechtsüberprüfung unter Bindung an die Tatsachen, wie sie von der
belgischen Cour de Cassation in Disziplinarsachen möglich ist, nicht als
ausreichend qualifiziert hat[44].

2. Art. 6 Abs. 2

Art. 6 Abs. 2 enthält die Unschuldsvermutung als Grundlage eines
rechtsstaatlichen Strafverfahrens. Sie wird verletzt, wenn Gerichte nach
Einstellung des Verfahrens bei der Kostenentscheidung eine direkte oder
indirekte Schuldfeststellung treffen (Minelli)[45]. Auch andere Staatsorgane
als Gerichte sind durch die Bestimmung gebunden, in ihrem Verhalten
von der Unschuld auszugehen[46]. Das hindert freilich, wie Art. 5 Abs. 1 c
deutlich zeigt, auf Verdacht gestützte Untersuchungs- und Verfolgungs-
maßnahmen nicht.

3. Art. 6 Abs. 3

Die Garantien des Abs. 3 sind die Mindestgarantien des rechtsstaatlichen Strafverfahrens. Sie setzen nach dem Wortlaut die Anklage voraus.
Dennoch können sie sich auch auf das Vorverfahren beziehen[47].
   a) Unverzügliche Information ist hier auf die Vorbereitung der Verteidigung bezogen. Das Recht besteht jedenfalls mit der förmlichen Ankla-
geerhebung.
   b) Eine Vorbereitungszeit von 17 Tagen nach Bestellung des Pflichtverteidigers wurde als ausreichend angesehen[48].
   c) Die wichtige Bestimmung garantiert die freie Wahl zwischen Selbst-
verteidigung und Bestellung eines Verteidigers. Auch bei Wahl eines
Verteidigers garantiert das faire Verfahren sowohl das Anwesenheitsrecht
als auch das Recht, aktiv am Prozeß teilzunehmen. Vor allem gewährleistet Art. 6 Abs. 3 c einen unentgeltlichen Pflichtverteidiger, wenn der
Angeklagte keine Mittel hat und die Bestellung im Interesse der Rechtspflege erforderlich ist. Das gilt auch im Revisionsverfahren. Der Gerichtshof hat eine Verletzung festgestellt, wo eine Revisionshauptverhandlung
angesetzt, die Beiordnung eines Pflichtverteidigers aber abgelehnt wurde,
obwohl für die Begründung der Revision ein solcher beigeordnet worden
war (Pakelli)[49]. Wie weit der umfassende Verkehr mit dem Verteidiger in

---

[44] EGMR 43 (1981), S. 23 — Case of Le Compte etc.
[45] EGMR 62 (1983).
[46] DR 13, S. 73.
[47] DR 14, S. 64.
[48] DR 15, S. 160.
[49] EGMR 64 (1983) = EuGRZ 1983, S. 344.

38

der Untersuchungshaft garantiert ist, haben Kommission und Gerichtshof bisher nicht geklärt[50].

d) Das Fragerecht ist von erheblicher Bedeutung. Es besagt allerdings nicht, daß unbegrenzt Zeugen geladen werden können. Das Fragerecht erstreckt sich auf Polizeivernehmungen nicht, wenn die Zeugen in der Hauptverhandlung erneut gehört werden[51]. Die Kommission hat einen Fall für zulässig erklärt, indem die Verurteilung allein auf Aussagen von Zeugen vor der Polizei gestützt war, die vor Gericht die Aussage verweigerten (Unterpertinger)[52].

e) Die unentgeltliche Beiordnung eines Dolmetschers ist zwingend vorgeschrieben (Luedicke, Belkacem, Koç)[53]. Ob das auch für das Bußgeldverfahren gilt, ist zweifelhaft (Öztürk)[54].

Art. 7

„1. Niemand kann wegen einer Handlung oder Unterlassung verurteilt werden, die zur Zeit ihrer Begehung nach inländischem oder internationalem Recht nicht strafbar war. Ebenso darf keine höhere Strafe als die im Zeitpunkt der Begehung der strafbaren Handlung angedrohte Strafe verhängt werden.

2. Durch diesen Artikel darf die Verurteilung oder Bestrafung einer Person nicht ausgeschlossen werden, die sich einer Handlung oder Unterlassung schuldig gemacht hat, welche im Zeitpunkt ihrer Begehung nach den allgemeinen von den zivilisierten Völkern anerkannten Rechtsgrundsätzen strafbar war."

Die Kommission hat mehrfach zu prüfen gehabt, ob die Unvorhersehbarkeit bei der Anwendung von Strafgesetzen zu einem Verstoß gegen Art. 7 führen kann. Sie hält das für möglich, erkennt allerdings an, daß auch im Strafrecht eine richterliche Klärung und Fortentwicklung unvermeidbar ist[55]. Besonders schwierig kann die Frage bei Common Law Crimes werden, für die nur wenige Präzedenzien vorliegen[56].

Art. 8

„1. Jedermann hat Anspruch auf Achtung seines Privat- und Familienlebens, seiner Wohnung und seines Briefverkehrs.

2. Der Eingriff einer öffentlichen Behörde in die Ausübung dieses Rechts ist nur statthaft, insoweit dieser Eingriff gesetzlich vorgesehen ist und eine Maßnahme darstellt, die in einer demokratischen Gesellschaft für die nationale Sicherheit, die öffentliche Ruhe und Ordnung, das wirtschaftliche Wohl des Landes, die Verteidigung der Ordnung und zur Verhinderung von strafbaren Handlungen, zum Schutz der Gesundheit und der Moral oder zum Schutz der Rechte und Freiheiten anderer notwendig ist."

[50] DR 12, S. 185.
[51] DR 17, S. 231.
[52] Entscheidung vom 8. 7. 1983, 9120/80.
[53] EGMR 29 (1978).
[54] Bericht der Kommission vom 12. 5. 1982, vgl. oben S. 10.
[55] Ott 8866/80.
[56] Gay News 8710/79.

Die Vorschrift schützt die private Sphäre gegen Eingriffe. Sie verpflichtet den Staat auch zu positivem Schutz. Die Notwendigkeit, der unehelichen Mutter in Belgien zur Herstellung familienrechtlicher Beziehungen ihr Kind formell anzuerkennen, war eine Verletzung dieser positiven Schutzpflicht (Marckx)[57]. Strafrechtliche Verbote der einfachen Homosexualität zwischen Erwachsenen wurden in der Sache Dudgeon als durch Abs. 2 nicht gerechtfertigte Eingriffe in die Privatsphäre angesehen, wobei wesentlich war, daß die Strafnormen praktisch nicht durchgesetzt wurden[58]. Die deutsche Telefonabhörregelung wurde im Fall Klass als in Übereinstimmung mit der Konvention befunden[59]. Beschränkungen des Briefverkehrs von Strafgefangenen wurden an Art. 8 gemessen und teilweise als unzulässig festgestellt[60]. Zu den Einschränkungen vgl. oben S. 12.

Art. 9

„1. *Jedermann hat Anspruch auf Gedanken-, Gewissens- und Religionsfreiheit; dieses Recht umfaßt die Freiheit des einzelnen zum Wechsel der Religion oder der Weltanschauung sowie die Freiheit, seine Religion oder Weltanschauung einzeln oder in Gemeinschaft mit anderen öffentlich oder privat, durch Gottesdienst, Unterricht, durch die Ausübung und Beachtung religiöser Gebräuche auszuüben.*

2. Die Religions- und Bekenntnisfreiheit darf nicht Gegenstand anderer als vom Gesetz vorgesehener Beschränkungen sein, die in einer demokratischen Gesellschaft notwendige Maßnahmen im Interesse der öffentlichen Sicherheit, der öffentlichen Ordnung, Gesundheit und Moral oder für den Schutz der Rechte und Freiheiten anderer sind."

Das klassische Freiheitsrecht des Art. 9 hat bisher in der Rechtsprechung kaum eine Rolle gespielt. Die Kommission hatte in einem Bericht festgestellt, daß die Freiheit der Ausübung einer Weltanschauung nicht jede weltanschaulich motivierte Handlungsweise erfaßt. Der Aufruf zur Desertion aus pazifistischen Gründen war demnach nicht von Art. 9 Abs. 1 gedeckt[61]. Ein Recht auf einen besonderen Status für politische Gefangene folgt nicht aus Art. 9 Abs. 1[62]. Das Verbot für einen mohammedanischen Lehrer, seine Arbeitsstelle in der Dienstzeit zu vorgeschriebenem Gebet zu verlassen, ist kein Eingriff in die Religionsfreiheit[63].

Art. 10

„1. *Jeder hat Anspruch auf freie Meinungsäußerung. Dieses Recht schließt die Freiheit der Meinung und die Freiheit zum Empfang und zur Mitteilung von Nachrichten oder Ideen ohne Eingriffe öffentlicher Behörden und ohne Rücksicht auf Landesgrenzen ein. Dieser Artikel schließt nicht aus, daß die Staaten Rundfunk-, Lichtspiel- oder Fernsehunternehmen einem Genehmigungsverfahren unterwerfen.*

---

[57] EGMR 31 (1979), S. 14 ff.
[58] Vgl. oben S. 17.
[59] EGMR 28 (1978).
[60] EGMR 61 (1983) Silver u. a.
[61] DR 15, S. 5 — Arrowsmith.
[62] DR 20, S. 44.
[63] DR 22, S. 27 — Ahmad.

40

2. *Da die Ausübung dieser Freiheiten Pflichten und Verantwortung mit
sich bringt, kann sie bestimmten, vom Gesetz vorgesehenen Formvor-
schriften, Bedingungen, Einschränkungen oder Strafdrohungen unterworfen werden, wie sie vom Gesetz vorgeschrieben und in einer demokratischen Gesellschaft im Interesse der nationalen Sicherheit, der territorialen
Unversehrtheit oder der öffentlichen Sicherheit, der Aufrechterhaltung der
Ordnung und der Verbrechensverhütung, des Schutzes der Gesundheit
und der Moral, des Schutzes des guten Rufes oder der Rechte anderer, um
die Verbreitung von vertraulichen Nachrichten zu verhindern oder das
Ansehen und die Unparteilichkeit der Rechtsprechung zu gewährleisten,
unentbehrlich sind.“*

Eine Verletzung der Meinungs- und Pressefreiheit ist im Sunday
Times-Fall festgestellt worden (dazu vgl. oben S. 16). Der Gerichtshof hat
besonders betont, daß die Meinungsfreiheit eine grundlegende Bedeutung
für die Demokratie hat[64].

Art. 11

*„1. Alle Menschen haben das Recht, sich friedlich zu versammeln und
sich frei mit anderen zusammenzuschließen, einschließlich des Rechts, zum
Schutze ihrer Interessen Gewerkschaften zu bilden und diesen beizutreten.
2. Die Ausübung dieser Rechte darf keinen anderen Einschränkungen
unterworfen werden als den vom Gesetz vorgesehenen, die in einer
demokratischen Gesellschaft im Interesse der äußeren und inneren Sicherheit, zur Aufrechterhaltung der Ordnung und zur Verbrechensverhütung,
zum Schutze der Gesundheit und der Moral und zum Schutze der Rechte
und Freiheiten anderer notwendig sind. Dieser Artikel verbietet nicht, daß
die Ausübung dieser Rechte für Mitglieder der Streitkräfte, der Polizei
oder der Staatsverwaltung gesetzlichen Einschränkungen unterworfen
wird.“*

Versammlungs- und Vereinigungsfreiheit sind in der Konvention
zusammengefaßt. Kommission und Gerichtshof haben eine Verletzung
von Art. 11 festgestellt, als drei englische Arbeiter ihren Arbeitsplatz
verloren, nur weil sie nicht bereit waren, bestimmten Gewerkschaften
beizutreten, die lange nach ihrer Anstellung einen sog. „closed-shop“-
Vertrag“ mit dem Arbeitgeber abgeschlossen hatten (Young, James,
Webster)[65]. Zu den Einschränkungen vgl. oben S. 12.

Art. 12

*„Mit Erreichung des Heiratsalters haben Männer und Frauen das
Recht, eine Ehe einzugehen und eine Familie nach den nationalen Geset-
zen, die die Ausübung dieses Rechts regeln, zu gründen.“*

Das Heiratsrecht besteht auch für Strafgefangene. Können sie überhaupt nicht heiraten, so liegt darin eine Verletzung[66].

---

[64] EGMR 24 (1976), S. 23 — Handyside Case.
[65] EGMR 44 (1981), S. 20 ff.
[66] DR 24, S. 5 ff., 72 ff.

Art. 13

„Sind die in der vorliegenden Konvention festgelegten Rechte und Freiheiten verletzt worden, so hat der Verletzte das Recht, eine wirksame Beschwerde bei einer nationalen Instanz einzulegen, selbst wenn die Verletzung von Personen begangen worden ist, die in amtlicher Eigenschaft gehandelt haben."

Die Beschwerde braucht nicht vor ein Gericht zu kommen[67]. Das Recht aus Art. 13 gilt nicht gegenüber dem Gesetzgeber, weil hier nach der Rechtsordnung der meisten Staaten eine Beschwerdemöglichkeit ausscheidet[68].

Art. 14

„Der Genuß der in der vorliegenden Konvention festgelegten Rechte und Freiheiten muß ohne Unterschied des Geschlechts, der Rasse, Hautfarbe, Sprache, Religion, politischen oder sonstigen Anschauungen, nationaler oder sozialer Herkunft, Zugehörigkeit zu einer nationalen Minderheit, des Vermögens, der Geburt oder des sonstigen Status gewährleistet werden."

Der Gleichheitssatz der Konvention ist ein Annex zu den einzelnen Konventionsrechten, nicht ein allgemeiner Gleichheitssatz. Wenn sachliche Gründe die Differenzierung rechtfertigen und die Mittel verhältnismäßig sind, so liegt keine verbotene Diskriminierung vor[69].

Art. 15

„1. Im Falle eines Krieges oder eines anderen öffentlichen Notstandes, der das Leben der Nation bedroht, kann jeder der Hohen Vertragschließenden Teile Maßnahmen ergreifen, welche die in dieser Konvention vorgesehenen Verpflichtungen in dem Umfang, den die Lage unbedingt erfordert, und unter der Bedingung außer Kraft setzen, daß diese Maßnahmen nicht in Widerspruch zu den sonstigen völkerrechtlichen Verpflichtungen stehen.
2. Die vorstehende Bestimmung gestattet kein Außerkraftsetzen des Artikels 2 außer bei Todesfällen, die auf rechtmäßige Kriegshandlungen zurückzuführen sind, oder der Artikel 3, 4 (Absatz 1) und 7.
3. Jeder Hohe Vertragschließende Teil, der dieses Recht der Außerkraftsetzung ausübt, hat den Generalsekretär des Europarats eingehend über die getroffenen Maßnahmen und deren Gründe zu unterrichten. Er muß den Generalsekretär des Europarats auch über den Zeitpunkt in Kenntnis setzen, in dem diese Maßnahmen außer Kraft getreten sind und die Vorschriften der Konvention wieder volle Anwendung finden."

---

[67] EGMR 61 (1983), Silver u. a.
[68] Bericht der Kommission Young, James, Webster vom 14. 12. 1979, S. 38.
[69] EGMR (1968) Belgian Linguistic Case, S. 33 ff.; 19 (1975), S. 19 ff. — National Union of Belgian Police Case.

42

Die Notstandsmaßnahmen können von den Konventionsorganen auf die Einhaltung ihrer Voraussetzungen, vor allem der Erforderlichkeit hin überprüft werden[70].

Art. 16

„Keine der Bestimmungen der Artikel 10, 11 und 14 darf so ausgelegt werden, daß sie den Hohen Vertragschließenden Parteien verbietet, die politische Tätigkeit von Ausländern Beschränkungen zu unterwerfen."

Hieraus folgt, daß besondere Beschränkungen der politischen Betätigung für Ausländer zulässig sind. Fragen dieser Art haben bisher praktisch keine Rolle gespielt.

Art. 17

„Keine Bestimmung dieser Konvention darf dahin ausgelegt werden, daß sie für einen Staat, eine Gruppe oder eine Person das Recht begründet, eine Tätigkeit auszuüben oder eine Handlung zu begehen, die auf die Abschaffung der in der vorliegenden Konvention festgelegten Rechte und Freiheiten oder auf weitergehende Beschränkungen dieser Rechte und Freiheiten, als in der Konvention vorgesehen, hinzielt."

Die Kommission hat die Bestimmung gegenüber der alten deutschen KPD angewendet, die ihr Verbot angefochten hatte. Erneut hat die Kommission auf Art. 17 zurückgegriffen, als holländische Beschwerdeführer sich gegen Verurteilungen wegen Rassenhetze und Nichtberücksichtigung einer entsprechenden Partei bei den Wahlen wendeten[71].

Art. 18

„Die nach der vorliegenden Konvention gestatteten Einschränkungen dieser Rechte und Freiheiten dürfen nicht für andere Zwecke als die vorgesehenen angewandt werden."

Hier wird ein „détournement de pouvoir" bei der Einschränkung ausdrücklich ausgeschlossen. Die Bestimmung ist noch nicht angewendet worden.

Art. 24

„Jeder Vertragschließende Teil kann durch Vermittlung des Generalsekretärs des Europarats die Kommission mit jeder angeblichen Verletzung der Bestimmungen der vorliegenden Konvention durch einen anderen Hohen Vertragschließenden Teil befassen."

Übersicht über die Staatenbeschwerden oben S. 8.

Art. 25

„1. Die Kommission kann durch ein an den Generalsekretär des Europarats gerichtetes Gesuch jeder natürlichen Person, nichtstaatlichen Orga-

---

[70] EGMR (1960—61), S. 54 ff. — Lawless Case; 25 (1978) S. 77 ff., Case of Ireland geg. UK.
[71] YB 1 (1955—57), S. 222; DR 18, S. 187.

nisation oder Personenvereinigung angegangen werden, die sich durch eine Verletzung der in dieser Konvention anerkannten Rechte durch einen der Hohen Vertragschließenden Teile beschwert fühlt, vorausgesetzt, daß der betreffende Hohe Vertragschließende Teil eine Erklärung abgegeben hat, wonach er die Zuständigkeit der Kommission auf diesem Gebiete anerkannt hat. Die Hohen Vertragschließenden Teile, die eine solche Erklärung abgegeben haben, verpflichten sich, die wirksame Ausübung dieses Rechts in keiner Weise zu behindern.
2. Diese Erklärungen können auch für einen bestimmten Zeitabschnitt abgegeben werden.
3. Sie sind dem Generalsekretär des Europarats zu übermitteln, der den Hohen Vertragschließenden Teilen Abschriften davon zuleitet und für die Veröffentlichung der Erklärungen sorgt.
4. Die Kommission wird die ihr durch diesen Artikel übertragenen Befugnisse nur ausüben, wenn mindestens sechs Hohe Vertragschließende Teile durch die in den vorstehenden Absätzen vorgesehenen Erklärungen gebunden sind."

Erklärungen nach Art. 25 haben außer Malta, Zypern, Griechenland und der Türkei alle Mitgliedstaaten der Konvention abgegeben.

Art. 1 Zusatzprotokoll

1. „Jede natürliche oder juristische Person hat ein Recht auf Achtung ihres Eigentums. Niemandem darf sein Eigentum entzogen werden, es sei denn, daß das öffentliche Interesse es verlangt, und nur unter den durch Gesetz und durch die allgemeinen Grundsätze des Völkerrechts vorgesehenen Bedingungen.
2. Die vorstehenden Bestimmungen beeinträchtigen jedoch in keiner Weise das Recht des Staates, diejenigen Gesetze anzuwenden, die er für die Regelung der Benutzung des Eigentums im Einklang mit dem Allgemeininteresse oder zur Sicherung der Zahlung der Steuern oder sonstigen Abgaben oder von Geldstrafen für erforderlich hält."

Der Eigentumsschutz der Konvention wurde verletzt, als in Schweden Enteignungserlaubnisse über 23 Jahre in Kraft waren, die der Stadt Stockholm die jederzeitige Enteignung ohne weiteres Verfahren ermöglicht hätten[72].

Art. 2 Zusatzprotokoll

„Das Recht auf Bildung darf niemandem verwehrt werden. Der Staat hat bei Ausübung der von ihm auf dem Gebiete der Erziehung und des Unterrichts übernommenen Aufgaben das Recht der Eltern zu achten, die Erziehung und den Unterricht entsprechend ihren eigenen religiösen und weltanschaulichen Überzeugungen sicherzustellen."

Das Recht auf Bildung enthält kein Recht auf Schaffung bestimmter Einrichtungen[73]. Es garantiert aber den Zugang zu den bestehenden Bildungseinrichtungen. Das Elternrecht bezieht sich auf Erziehung und

---

[72] EGMR 52 (1982), S. 22 ff. — Case of Sporrong and Lönnroth.
[73] EGMR (1968), S. 30 f. — Belgian Linguistic Case.

44

Unterricht. Es enthält kein Recht, etwa vom Sexualkundeunterricht ausgenommen zu werden, wohl aber die Verpflichtung des Staates, Indoktrinierung auszuschließen[74]. Die Existenz der Körperstrafe in öffentlichen Schulen kann Eltern in ihrem Recht aus Art. 2 verletzen[75].

Art. 3 Zusatzprotokoll

„Die Hohen Vertragschließenden Teile verpflichten sich, in angemessenen Zeitabständen freie und geheime Wahlen unter Bedingungen abzuhalten, welche die freie Äußerung der Meinung des Volkes bei der Wahl der gesetzgebenden Körperschaften gewährleisten."

Das Wahlsystem ist nicht festgelegt[76]. Auch ist die Wahlrechtsgleichheit nicht ausdrücklich garantiert. Freilich muß das Volk frei seine Meinung äußern können, was das allgemeine Stimmrecht voraussetzt[77]. Die einzelnen Regelungen hat der nationale Gesetzgeber zu treffen.

---

[74] EGMR 23 (1976), S. 24 ff., 26. f. — Case of Kjeldsen u. a.
[75] EGMR 48 (1982), S. 14 ff. — Case of Campbell and Cosans.
[76] DR 7, S. 95; 21, S. 211.
[77] DR 1, S. 87.

www.ingramcontent.com/pod-product-compliance
Lightning Source LLC
Chambersburg PA
CBHW050648190326
41458CB00008B/2467